HANDGEMACHTE KÖSTLICHKEITEN

Edle Geschenke aus der Küche

HANDGEMACHTE KÖSTLICHKEITEN

Edle Geschenke aus der Küche

JESS McCLOSKEY

Jan Thorbecke Verlag

VERLAGSGRUPPE PATMOS

PATMOS
ESCHBACH
GRÜNEWALD
THORBECKE
SCHWABEN

Die Verlagsgruppe
mit Sinn für das Leben

Aus dem Englischen von Annerose Sieck

Umschlaggestaltung: Finken & Bumiller, Stuttgart
Gedruckt in China

ISBN 978-3-7995-0422-5

INHALT

Einführung

Selbstgemachte Mitbringsel sind etwas Wunderbares. Sie können unsere Seele berühren und auf liebenswerte Weise auch völlig irre sein. Immer jedoch erinnern sie uns daran, dass ein Mensch weder Zeit noch Mühe gescheut hat, um sie anzufertigen. Wer ein selbstgemachtes Geschenk empfängt, fühlt sich wertgeschätzt.

Auch wer etwas Selbstgemachtes verschenkt, empfindet etwas Besonderes. Er ist stolz darauf, etwas mit seinen eigenen Händen geschaffen zu haben. Dabei ist es so einfach, ein altes Glas mit einem schönen Band zu verzieren oder aus bunter Pappe einen schönen Karton zu basteln und ihn dann mit etwas Köstlichem aus der Küche zu füllen. Es bringt uns zurück zu einfachen Zeiten, Zeiten, in denen Wertvolles noch mit Sorgfalt und mit Liebe hergestellt wurde.

Natürlich geht es schneller und „leichter", eine Geschenkkarte oder ein Geschenk online zu ordern. Doch das ist kein Vergleich zu der Freude, die Geber und Empfänger fühlen, wenn sie etwas verschenken bzw. erhalten, das handgefertigt wurde.

Die besten Geschenke aus der Küche werden mit Zutaten hergestellt, die man gerade zur Hand hat. Nicht die teuersten und schwer zu bekommenden Zutaten sind es! Bei meinen Rezepten beispielsweise ist es nicht nötig, die qualitativ hochwertigste Schokolade zu nehmen. Wer sparen möchte, verwendet eine günstigere Sorte. Probieren Sie es – jede Schokolade hat etwas Besonderes!

Für meine Rezepte sind weder jahrelange Praxiserfahrungen noch besondere kulinarische Fähigkeiten nötig. Es sind nur einige Rezepte dabei, die etwas aufwendiger und komplizierter sind (ich sage Ihnen nicht welche, um Sie nicht abzuschrecken). Und selbst die gelingen, wenn Sie sich genau an die einzelnen Zubereitungsschritte halten. Nehmen Sie sich nicht vor, etwas Perfektes zuzubereiten. Es macht doch gerade den Unterschied zu Gekauftem aus, dass Selbstgemachtes nicht perfekt ist.

Sie können die Rezepte leicht abwandeln, ganz nach Geschmack oder den Zutaten, die Sie gerade im Haus haben. Wenn Sie möchten, tauschen Sie Zutaten einfach aus. Nehmen Sie eine andere Schokolade, geben Sie eine Handvoll Nüsse hinzu, experimentieren Sie mit unterschiedlichen Gewürzen oder probieren Sie etwas ganz Neues: Betrachten Sie die Rezepte als Ausgangspunkt und zaubern Sie etwas für Ihre Liebsten.

Köstliches Essen zuzubereiten sollte Spaß bringen und keinen Stress machen. Tauchen Sie ein, probieren Sie aus und zeigen Sie einem Menschen, wie großartig er (und auch sie selbst!) sind.

EMPFOHLENE KÜCHENUTENSILIEN

Sie brauchen nicht jedes Küchengerät, das es im Handel gibt, um die köstlichen Rezepte in diesem Buch zuzubereiten. Schauen Sie nach, was Sie haben. Hier meine Lieblinge.

ZUCKERTHERMOMETER

Damit Sie nicht gekochtes Zuckerwerk in kaltes Wasser tropfen lassen müssen, um zu sehen, ob es fertig ist, nimmt das Zuckerthermometer Ihnen das Rätselraten ab. Es sollte einen geschützten Boden haben (damit die Maßeinheit nicht den Boden des Topfes berührt) und niemals in der Kramschublade aufbewahrt werden, denn es ist zerbrechlich.

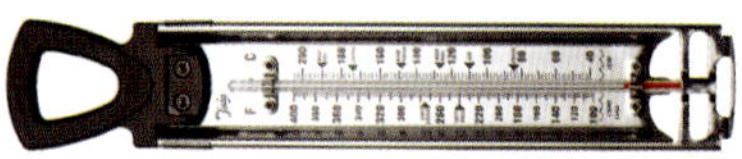

SCHOKOFORMEN

Selbst Schokolade zuzubereiten, geht sehr viel einfacher, wenn Sie entsprechende Formen verwenden. Das Resultat ist stets schön. Es gibt auch Formen für Trüffel.

BACKBLECHE

Man braucht schon etwas Praxis, um festzustellen, ob man nun Bleche aus Glas, Silikon oder Metall bevorzugt. Beginnen Sie mit einem einfachen Backblech und einer Muffinform und arbeiten Sie sich vor.

DIPPGABEL UND -WERKZEUG

Diese Sets sind überaus hilfreich, wenn Sie etwas in geschmolzene Schokolade tunken wollen. Die meisten Sets bestehen mindestens aus einer Gabel und einem kleinen Metallkreis an einem Stiel. Wer tiefer in die Welt der Schokolade eintaucht, bekommt auch Sets für Kenner.

KEKS-AUSSTECHER

Damit stechen Sie Kekse aus Teig, doch Sie können auch Marshmallows, Fudge und Kuchen damit ausstechen. Alles, was beim Backen seine Form behält, kann ausgestochen werden.

ELEKTRISCHES HANDRÜHRGERÄT ODER KÜCHENMASCHINE

Alles in diesem Buch kann mit der Hand gerührt werden, doch mit einem elektrischen Handrührgerät oder einer Küchenmaschine geht es schneller.

MÖRSER UND STÖSSEL

Das meiste lässt sich mit einem großen Messer auf einem Hackbrett hacken, doch wenn Sie etwas zerdrücken wollen, funktioniert nichts besser als der altmodische Mörser mit Stößel. Nehmen Sie einen mit stabilem Boden, der gut in der Hand liegt.

SPRITZBEUTEL UND TÜLLEN

Wenn Sie sehen, was Sie damit alles machen können, werden Sie wahrscheinlich erst einmal Spritzbeutel und Tüllen kaufen. Ein Set für Anfänger reicht, um Ihr Konfekt mit wunderschönen Mustern zu verzieren. Sie können auch einen stabilen Gefrierbeutel nehmen und eine Ecke abschneiden (siehe Seite 12).

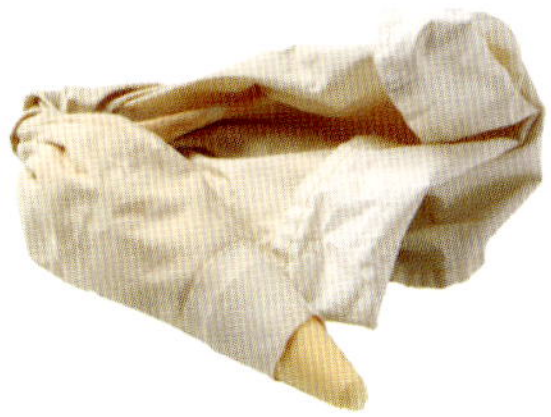

BESCHICHTETE BACKAUFLAGE

Diese Auflagen (die meist aus Silikon bestehen) sind in der Küche absolut unverzichtbar. Sie sind aufroll-, schneid- und wiederverwendbar. Sie können damit Töpfe auslegen und das Konfekt zum Trocknen darauflegen.

SCHNEEBESEN UND TEIGSCHABER

Manchmal reicht ein Löffel zum Rühren nicht aus – dann brauchen Sie Schneebesen oder Teigschaber. Mit dem Schneebesen vermengen Sie trockene Zutaten und mit dem Teigschaber bekommen Sie auch noch den letzten Rest aus der Schüssel.

TEIGROLLE

Auch wenn es ohne geht, so ist die Teigrolle doch unglaublich vielfältig einsetzbar. Sie brauchen nur ein schweres Nudelholz, das gut in der Hand liegt. Eines aus Marmor ist gut, weil es kalt bleibt, eine Teigrolle aus Holz ist einfach zu handhaben.

ESSBARER DEKOR

Sie haben etwas aus diesem Buch zubereitet und das Ergebnis ist göttlich. Jetzt kann das Geschenk verpackt werden. Bevor Sie es einwickeln, sollten Sie den Köstlichkeiten das gewisse Etwas geben. Hereinspaziert in die wunderbare Welt der Dekorationsmethoden!

CANDY MELTS

Wenn Sie sehr viel verzieren möchten oder Probleme mit einem Schoko-Guss haben (es kann etwas verzwickt sein, wenn Sie keine Übung mit krümeligen Teigkugeln haben), sollten Sie Candy Melts (auch Schmelzdrops genannt) verwenden. Damit können Sie nichts falsch machen. Das Schmelzen geht leicht (sie enthalten Palmfett und nach dem Trocknen glänzt die Glasur). Es gibt sie in einer Vielzahl von Aromen und Farben. Experimentieren Sie einfach etwas. Ich persönlich mag die weißen Schoko-Candy Melts sehr gern. Hüten Sie sich davor, diese für besonders reichhaltige Schoko-Desserts zu verwenden. Ein Schokofan schmeckt den Unterschied.

SCHOKO-GLASUR

Bevor Sie etwas mit Schokolade überziehen können, muss diese geschmolzen werden. Das geht auf dreierlei Weise. Es wird viel darüber diskutiert, welches die beste Methode ist, aber letztendlich sollte man die leichteste wählen. Probieren Sie, welche für Sie am einfachsten ist.

Wasserbad: Ein Wasserbad lässt sich leicht improvisieren. Die Schokolade liegt in einer Schüssel oder einem Topf, die oder der auf kochendes Wasser gestellt wird. Auf diese Weise kommt die Schokolade niemals in Kontakt mit der Hitze, was die Gefahr des Ansetzens verringert.

Direkte Hitze: Legen Sie die Schokolade in einen Topf und stellen Sie diesen auf den Herd. Das geht schnell und ist einfach. Einziger Nachteil: Die Gefahr, dass die Schokolade ansetzt, ist groß. Schmelzen Sie die Schokolade deshalb bei schwacher Hitze unter Rühren. Diese Methode ist geeignet, wenn Sie geschmolzene Schokolade als Zutat benötigen und nicht auf die Temperatur achten müssen.

Mikrowelle: Ich schmelze Schokolade am liebsten in der Mikrowelle, weil ich diese dann am besten temperieren kann. Die Schokolade mehrmals 30 Sekunden erhitzen, anschließend jedes Mal umrühren. Die Schokolade aus der Mikrowelle nehmen, bevor sie vollständig geschmolzen ist. Die Schokolade ist so heiß, dass die Reststückchen ebenfalls weich werden. Wenn Sie sie nach einigen Minuten umrühren, ist daraus eine glatte Masse geworden.

Ist die Schokolade geschmolzen, können Sie damit Leckereien verzieren. Wollen Sie etwas nur zur Hälfte überziehen, z. B. eine große Brezel oder Biskuit, dippen Sie das Ganze zur Hälfte in die Schokolade. Dann ziehen Sie es über den Rand der Schüssel heraus. Am Rand streifen Sie die überflüssige Glasur ab. Legen Sie die Teile zum Trocknen auf ein Backblech.

Wenn Sie etwas vollständig mit Schokolade überziehen möchten, ist eine Dippgabel sinnvoll. Legen Sie das Stück in die Glasur und drehen Sie es mithilfe der Gabel hin und her, bis es ganz überzogen ist. Nehmen Sie es dann heraus und legen es auf ein Backblech. Ist die Schokolade fest, können Sie das Ganze wiederholen. So wird der Guss richtig dick und es gibt auch keine „Füße" – die Ringe, die sich manchmal am Boden absetzen. Wenn Sie diese Schoko-Häppchen am Boden mögen – auch gut. Selbstgemachtes darf schon etwas rustikal aussehen!

Sie können Leckereien auch nur mit etwas Schokolade beträufeln, das sieht nett aus und verleiht dem Ganzen das gewisse Etwas. Glücklicherweise geht auch das leicht von der Hand. Wer es eher zwanglos mag, taucht eine Gabel einfach in geschmolzene Schokolade (lassen Sie den ersten dicken Tropfen wieder in die Schüssel zurücktropfen, damit er nicht da landet, wo er nicht hin soll) und dann ziehen Sie die Gabel kreuz und quer über das zu verzierende Teil. Zurück bleiben hübsche Schokostreifen.

Soll das Ganze akkurater aussehen, füllen Sie einfach einen stabilen Gefrierbeutel mit Schokolade und schneiden dann eine winzige Spitze ab. Schon haben Sie einen Spritzbeutel (ein kleines Loch macht dünne, ein großes Loch dicke Streifen). Natürlich können Sie auch einen normalen Spritzbeutel verwenden.

TIPP

Am leichtesten arbeitet es sich mit weißer Schokolade, gefolgt von Vollmilchschokolade. Bei dunkler Schokolade ist das Ganze etwas kniffliger. Üben Sie also erst einmal mit den einfacheren Sorten.

ESSBARER GLITTER

Essbarer Glitter und Perlglanzpigment sind sehr beliebt – sie sehen hübsch aus und sind einfach zu handhaben. Es sind unterschiedliche Sorten erhältlich – von Glitter, der schmilzt, wenn er feucht wird, bis hin zu kleinen Figuren.

LEBENSMITTELFARBEN

Es gibt mehrere Arten von Lebensmittelfarben, u. a. Pasten, Gele, Puder und flüssige Farben. Welche Sie verwenden, hängt davon ab, was Sie färben wollen. Wenn Sie mit Schokolade arbeiten, sollten Sie auf ein Gel oder Puder zurückgreifen, denn flüssige Lebensmittelfarbe greift Schokolade an.

SCHOKO-LOCKEN

Schoko-Locken sehen so aus, als würde ihre Herstellung sehr viel Zeit und großes Talent erfordern. Dabei sind sie so einfach zu machen. Beeindrucken Sie doch einfach den Empfänger Ihres Geschenks, indem Sie es mit professionell aussehenden Schoko-Locken verzieren.

Sie benötigen einen guten, scharfen Sparschäler. Und er muss absolut trocken sein. Halten Sie eine trockene Schüssel oder einen Teller bereit, damit Sie die abgeschabte Schokolade später dort hineinlegen können, sowie einen Holzspieß, um sie damit hin und her zu bewegen. Erwärmen Sie die Schokolade auf gute Zimmertemperatur. Stellen Sie diese z. B. neben einen warmen Ofen oder an die Heizung. Erwärmen Sie die Schokolade weder auf dem Herd noch in der Mikrowelle – sie soll lediglich Zimmertemperatur haben, mehr nicht. Ansonsten würde sie schmelzen.

1 Legen Sie eng an die Kante der Arbeitsplatte ein Stück Backpapier oder Alufolie.

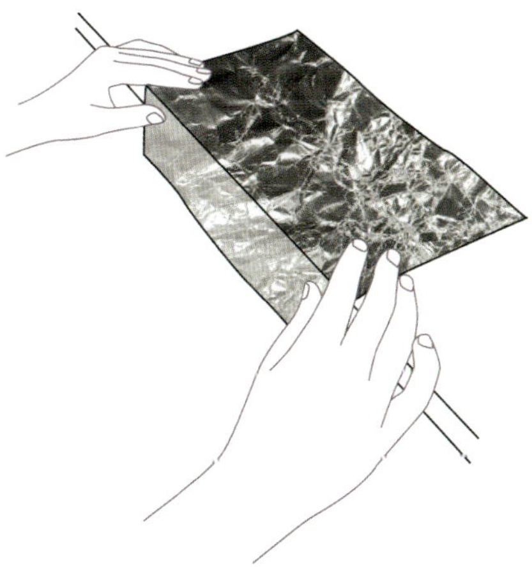

TIPP

Achten Sie darauf, dass Werkzeug und Behälter stets trocken sind, wenn Sie mit Schokolade arbeiten.

2 Legen Sie die Tafel Schokolade mit der „schönen“ Seite nach unten auf die Arbeitsfläche (die glatte Seite der Schokolade liegt Ihnen zugewandt). Legen Sie ein kleines Stück Backpapier auf die Tafel und üben Sie während des Abschabens mit Ihrer Hand leichten Druck darauf aus. Auf diese Weise schmilzt die Schokolade nicht unter der warmen Hand weg.

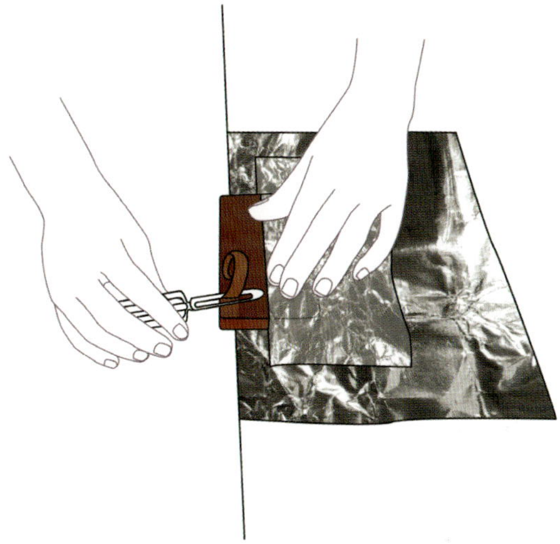

3 Mit dem Sparschäler fahren Sie jetzt an der Längsseite so einmal gerade herunter, dass die Schoko-Locke nicht bricht. So fortfahren. Die fertigen Locken in die Schüssel oder auf den Teller legen.

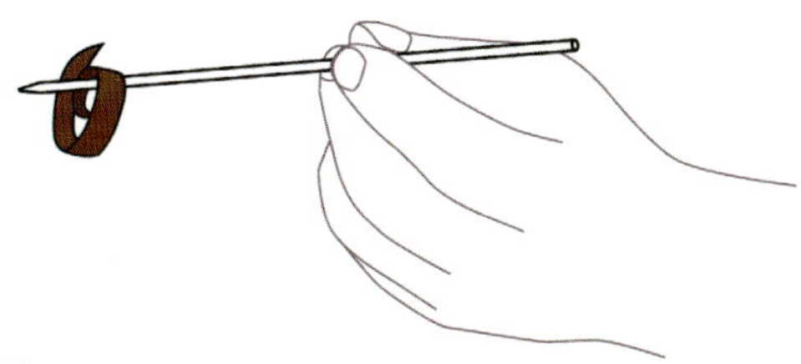

4 Sie können die Locken sofort verwenden oder Sie zugedeckt im Kühlschrank aufbewahren. Sie halten sich mindestens eine Woche.

GLÄSER RECYCELN UND VERZIEREN

Wenn Sie einmachen möchten oder ein Geschenk im Glas überreichen wollen, müssen Sie nicht gleich loslaufen, um neue Gläser zu kaufen. Sehen Sie sich in Ihrer Küche um – Sie werden eine Vielzahl von wiederverwertbaren Behältern finden.

GLÄSER STERILISIEREN

Wenn Sie etwas einmachen möchten, das im Glas eine bestimmte Zeit halten soll, sollten Sie die Gläser vor dem Füllen sterilisieren. Damit ein Glas frei von Kontaminationsstoffen ist, muss es für eine gewisse Zeit relativ hoher Hitze ausgesetzt sein. Zuvor müssen die Gläser gut gereinigt werden.

Schnell und leicht geht das Sterilisieren der Gläser und Deckel in der Spülmaschine (langer Spülgang mit Dampfreinigen und heißem Trocknen). Auch in der Mikrowelle können Gläser (aber keine Metalldeckel) erhitzt werden. Füllen Sie die Gläser zur Hälfte mit Wasser und stellen Sie diese auf höchster Stufe 2–3 Minuten in die Mikrowelle. Das Wasser sollte kochen. Herausnehmen, Wasser ausgießen und die Gläser sofort füllen.

Traditionell sterilisiert werden Gläser auf dem Herd oder im Backofen. Stellen Sie die Gläser ohne Deckel in einen geraden Topf, sie können eng aneinander stehen (siehe 1).

So viel Wasser in den Topf gießen, bis die Gläser vollständig bedeckt sind. Aufkochen und 10 Minuten kochen lassen, dann herausnehmen und füllen (siehe 2, rechts). Wenn Sie trockene Zutaten verwenden, müssen die Gläser vollkommen trocken sein.

1

2

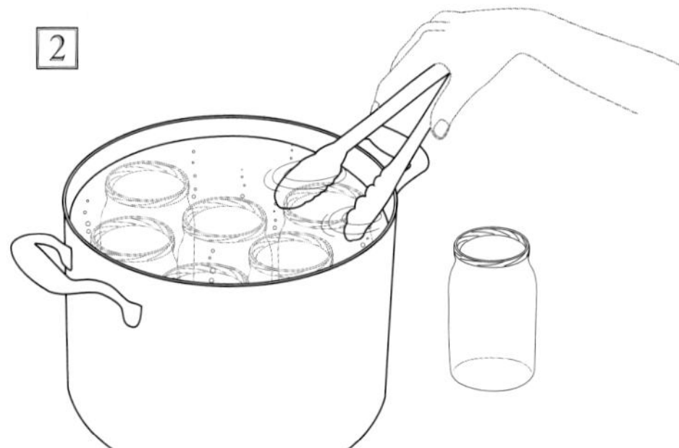

TIPP

Alte Etiketten wollen einfach nicht abgehen? Reiben Sie diese mit purem Geschirrspülmittel ein und lassen Sie es einige Stunden einziehen. Dann in heißem Seifenwasser einweichen. Bei sehr hartnäckigen Etiketten hilft manchmal Essig.

IM OFEN STERILISIERTE GLÄSER

Vorher müssen die Gläser gründlich gereinigt werden (siehe 1, unten). Stellen Sie die Gläser auf einen Rost und erhitzen Sie diese 10–12 Minuten bei 100 °C (siehe 2, unten). Herausnehmen und füllen.

1

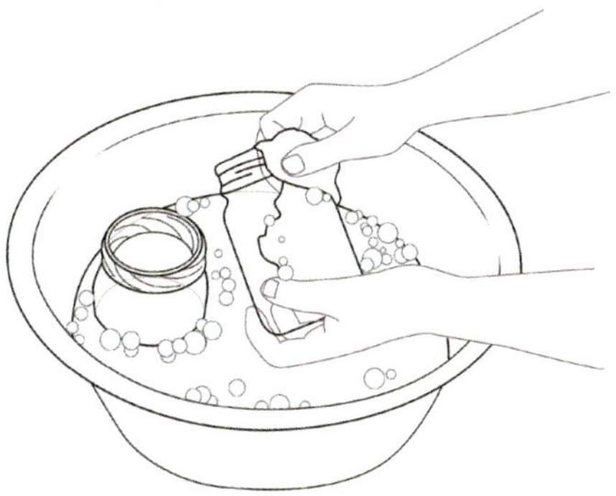

2

DECKEL STERILISIEREN

Legen Sie die Deckel nebeneinander (sie dürfen sich nicht überlappen) in einen Topf mit Wasser und bringen Sie das Wasser zum Kochen. 10 Minuten kochen lassen.

MIT BÄNDERN VERZIEREN

Ein hübsches Band um ein Geschenk ist einfach das Nonplusultra. Schauen Sie sich zu Hause um, Sie werden etwas zum Dekorieren finden, wo Sie es gar nicht vermuten. Bast, Zwirn und kleine Stücke aus Stoff oder Leder lassen sich zu Bändern schneiden, die ein Glas verschönern können.

ETIKETTEN ANFERTIGEN

Ein selbstgemachtes Etikett lässt sich nicht nur gut beschreiben, es ist auch dekorativ. Viele Zufallsentdeckungen können dafür verwendet werden: Schneiden Sie Etiketten aus Stoff, Pergamentpapier, Folie – ja selbst aus hübschem Herbstlaub.

GESCHENKKARTONS ANFERTIGEN UND ÜBERZIEHEN

Wenn Sie sich die Mühe gemacht haben, etwas Kulinarisches zu zaubern, dann möchten Sie auch, dass das Geschenk hübsch verpackt ist.

HANDGEFERTIGTE SCHACHTELN

Es ist ganz leicht, selbst Schachteln anzufertigen, und es macht sogar Spaß, aus Papier- und Schleifenresten etwas Neues zu machen.

Handgefertigte Schachteln können auf zweierlei Weise hergestellt werden: Entweder Sie „bauen“ eine ganz neue Schachtel oder Sie beziehen einen alten Karton mit hübschem Papier.

Wenn Sie eine neue Schachtel machen möchten, reicht normale Pappe, um leichte Süßigkeiten aufzubewahren. Soll die Schachtel Schweres tragen, benötigen Sie festere Pappe. Verwenden Sie einen ganz normalen Kleber, einen Kraftkleber oder eine Klebepistole.

Zum Überziehen der Schachtel nehmen Sie möglichst leichtes Papier, etwa Dekor- oder Seidenpapier.

EINE GEFALTETE RECHTECKIGE SCHACHTEL HERSTELLEN

Diese Schachtel ist ideal, um sie mit Kleinigkeiten wie dem Unwiderstehlichem Butterkrokant (Seite 71) zu füllen.

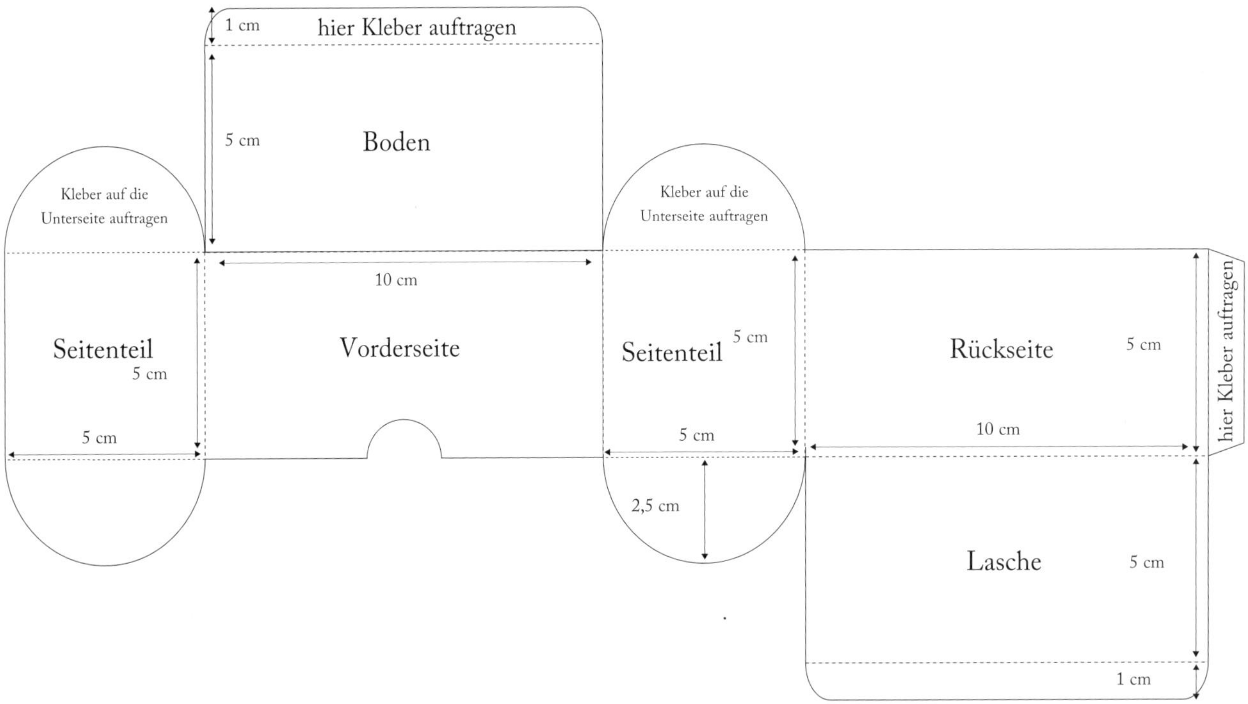

1 Die Vorlage auf den gewählten Karton legen und nachzeichnen. Mit einer scharfen Schere mithilfe von Lineal und Messer ausschneiden und an allen Kanten falten.

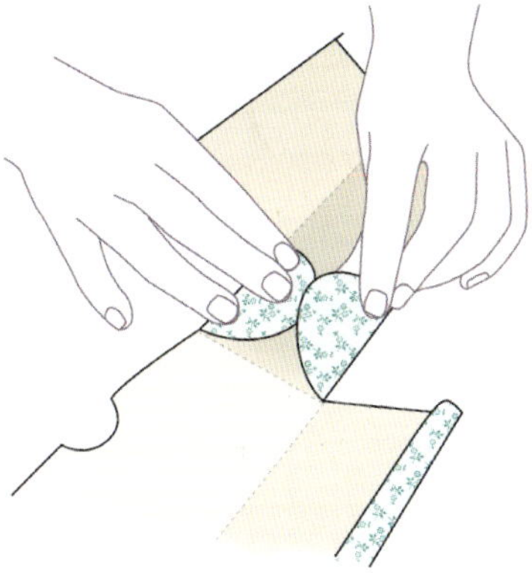

2 Wie angegeben Kleber auf die runden Reiter auftragen und umlegen, um sie am Boden zu befestigen.

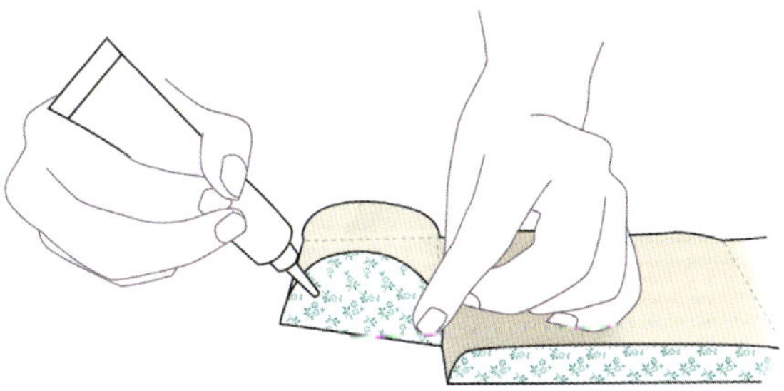

3 Jetzt den Kleber auf den langen Reiter des Bodens auftragen.

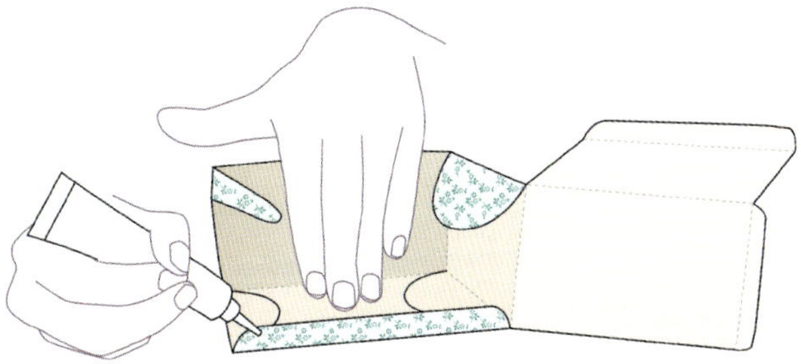

4 Kleber auf den kurzen Reiter auftragen und die Rückseite der Schachtel nach oben falten. Den Seitenreiter einführen. Fertig ist die Schachtel.

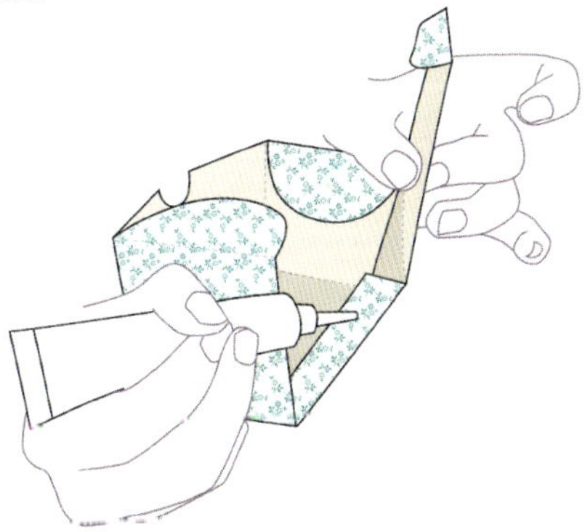

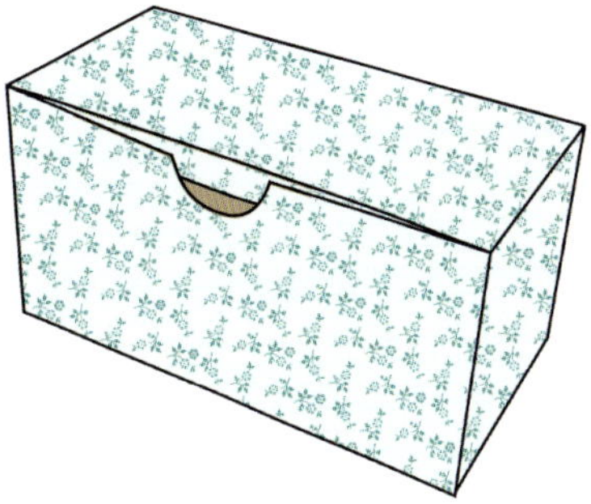

TIPP

Diese einfache rechteckige Schachtel ist ein Klassiker, der sich mit jeder Art von Konfekt füllen lässt. Wenn Sie farbigen Karton nehmen, müssen Sie die Schachtel nicht überziehen.

EINE RECHTECKIGE SCHACHTEL MIT DECKEL ANFERTIGEN

Diesen Klassiker mit Deckel können Sie beispielsweise für die Schoko-Marmelade-Schnitten (Seite 41) verwenden.

- Rosa Linien gelten für die Schachtel
- Schwarze Linien gelten für den Überzug (siehe Seite 24)

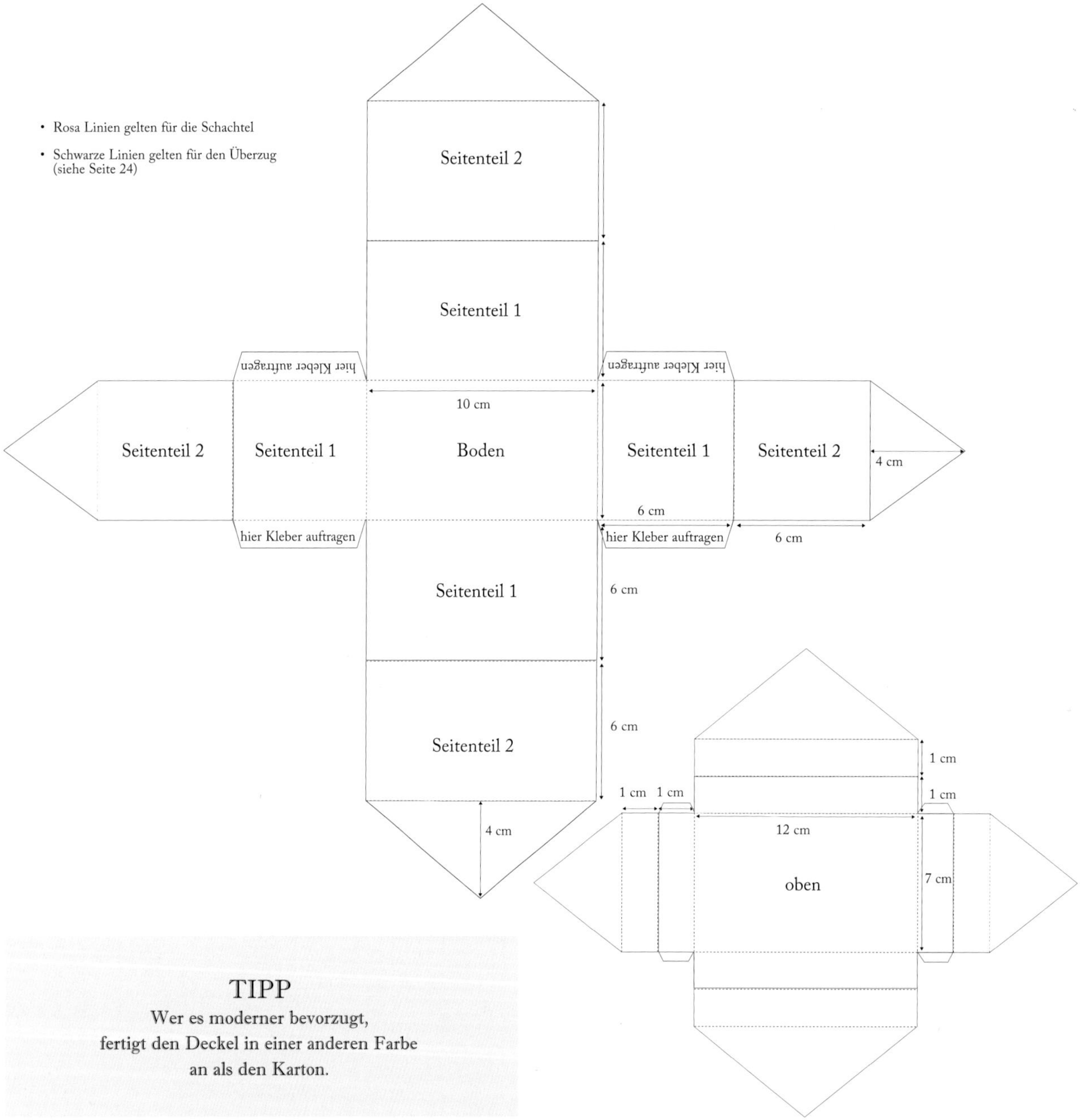

TIPP

Wer es moderner bevorzugt, fertigt den Deckel in einer anderen Farbe an als den Karton.

1 Die Vorlage auf den gewählten Karton legen und nachzeichnen. Mit einer scharfen Schere mithilfe von Lineal und Messer ausschneiden. Alle Reiter, die mit Klebstoff versehen werden müssen, zur Mitte der Schachtel falten. Mithilfe eines Lineals geht das Falten leicht von der Hand und die Kanten werden gerade.

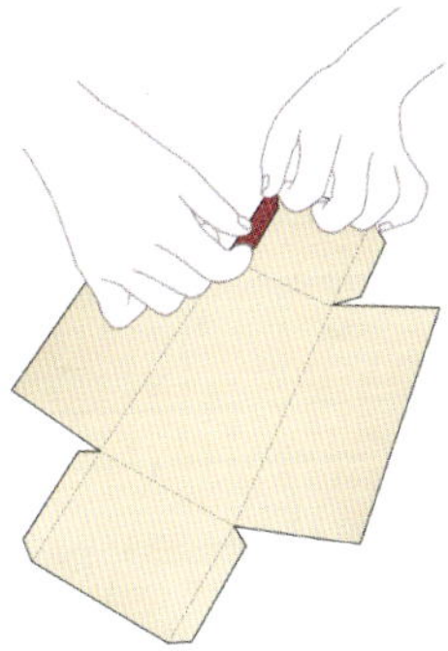

2 Vom schmalen Ende der Schachtel aus auf die Reiter Klebstoff auftragen und an den Längsseiten der Schachtel befestigen.

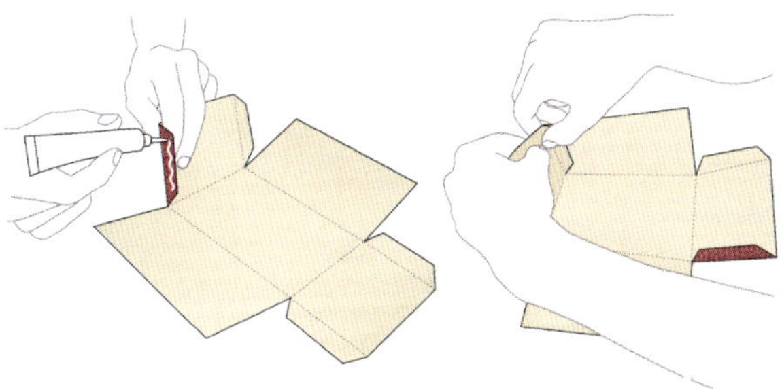

3 Die Schachtel vor dem Füllen vollständig trocknen lassen.

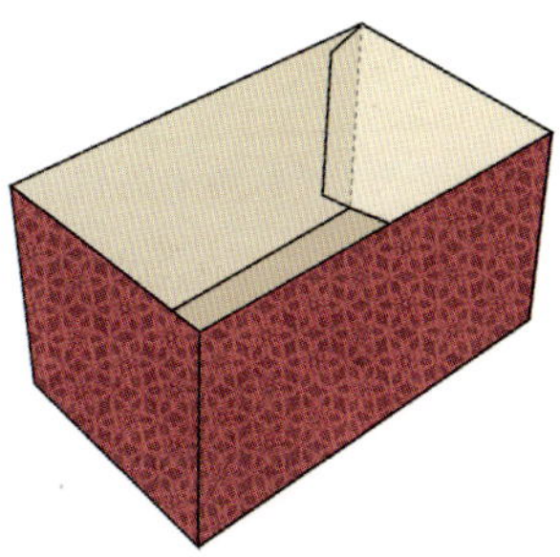

Für den Deckel

4 Die Vorlage auf den gewählten Karton legen, nachzeichnen und ausschneiden. Klebstoff auf die Reiter auftragen.

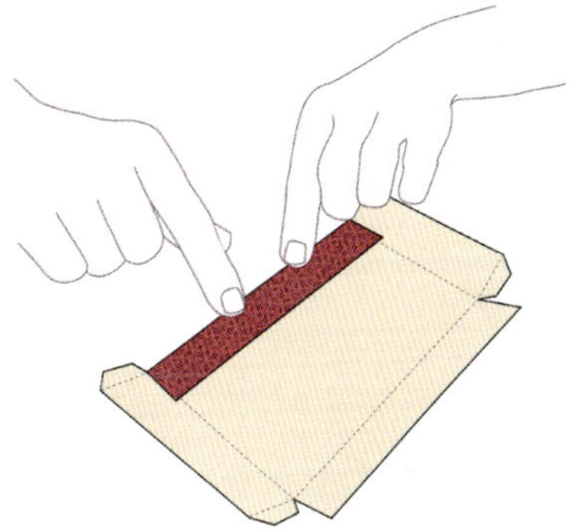

5 Der Kleber des Deckels muss vollständig trocken sein, bevor Sie den Deckel auf den Karton legen.

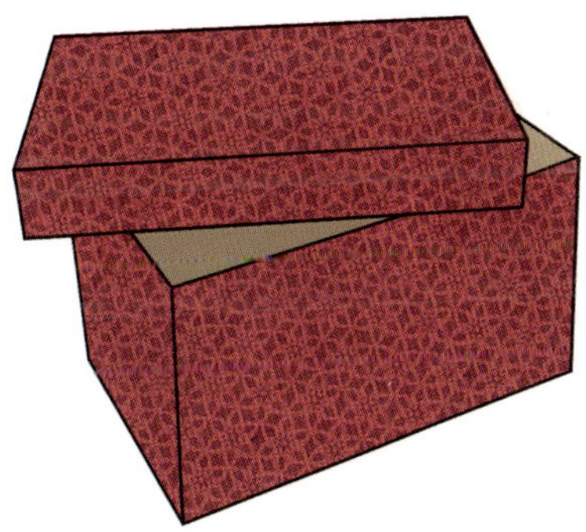

EINE RUNDE SCHACHTEL MIT DECKEL ANFERTIGEN

In diese vielseitige Schachtel können Sie beispielsweise leckeres Minz-Schoko-Fudge (Seite 79) oder Weiße Schokotrüffel mit Früchtekuchen (Seite 38) legen.

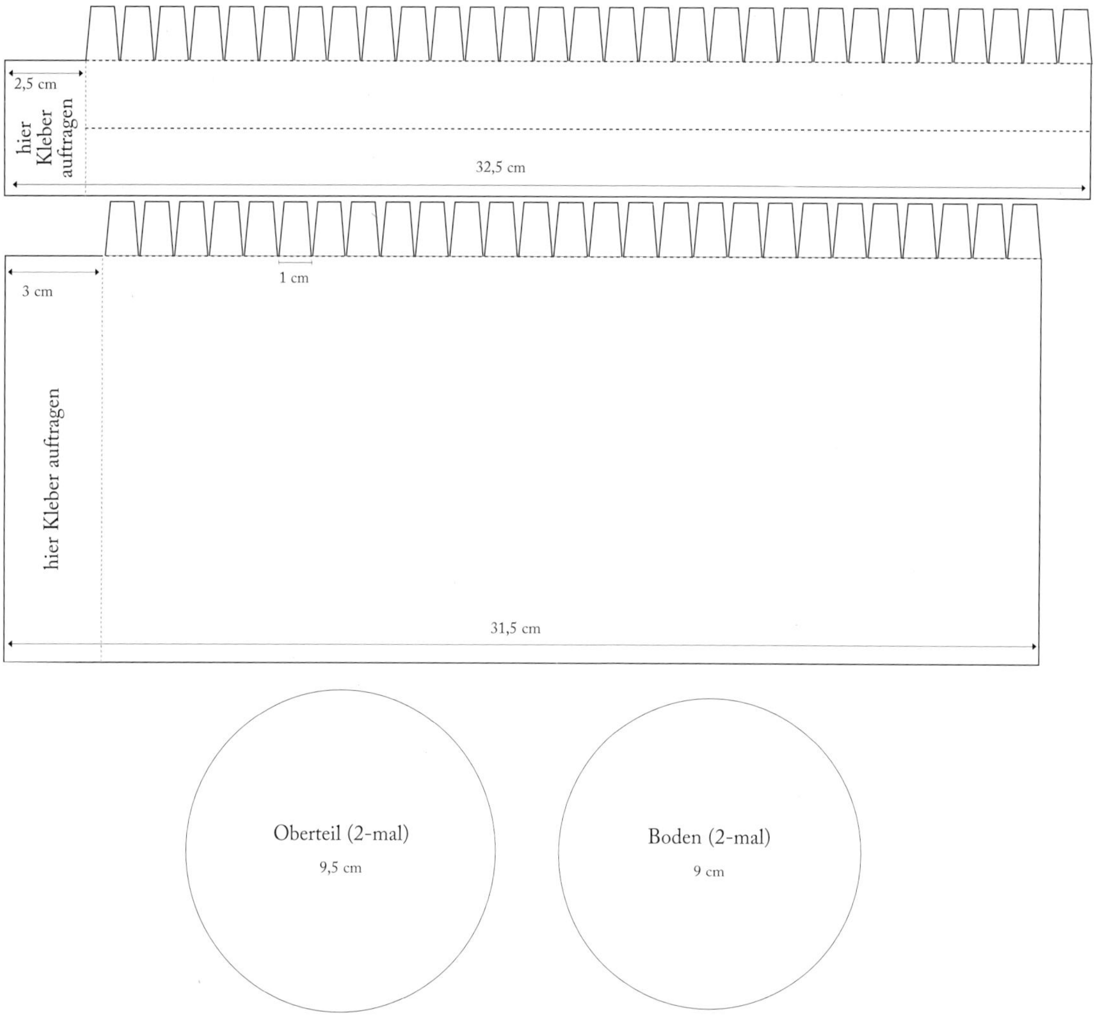

TIPP

Wenn Sie dicken Karton verwenden, müssen Sie diesen nicht zusätzlich überziehen. Verzieren Sie den Karton einfach, bevor Sie die Schachtel zusammensetzen.

1 Halten Sie sich entweder an die Vorlage oder richten Sie sich nach dem Durchmesser, den Ihre Schachtel haben soll. Zeichnen Sie die Umrisse einer runden Dose nach oder zeichnen Sie mit dem Zirkel direkt auf den Karton. Dies wird der Boden der Schachtel. Mit einer scharfen Schere ausschneiden. Einen zweiten Kreis ausschneiden (um die Zähnchenkanten zu bedecken).

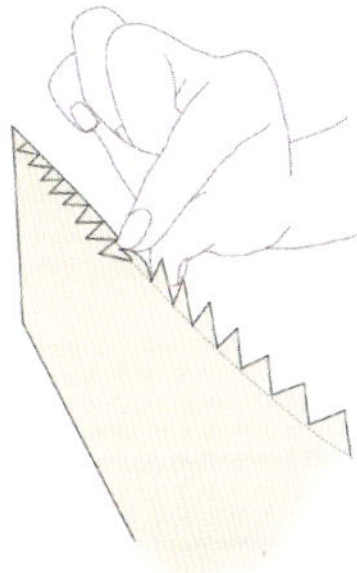

2 Für den Schachtelkörper ein Rechteck ausschneiden. Die Länge des Rechtecks sollte dem Umfang des Kreises entsprechen (den Umfang des Kreises berechnen Sie, indem Sie den Durchmesser mit 3,14 multiplizieren). Geben Sie an den Längsseiten 3 cm zum Überlappen und Kleben hinzu. Die Breite des Rechtecks entspricht dann der Höhe der Schachtel, hier geben Sie jeweils 1 cm Zugabe.

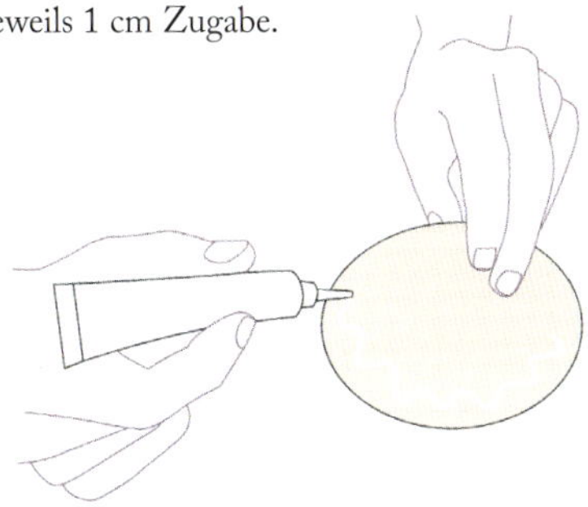

3 Zeichnen Sie nun an der Längsseite – dort wo die 1-cm-Klebelinie aufliegen wird – eine Zähnchenlinie. Mit der Schere Einschnitte machen, sodass Sie eine saubere Linie bekommen.

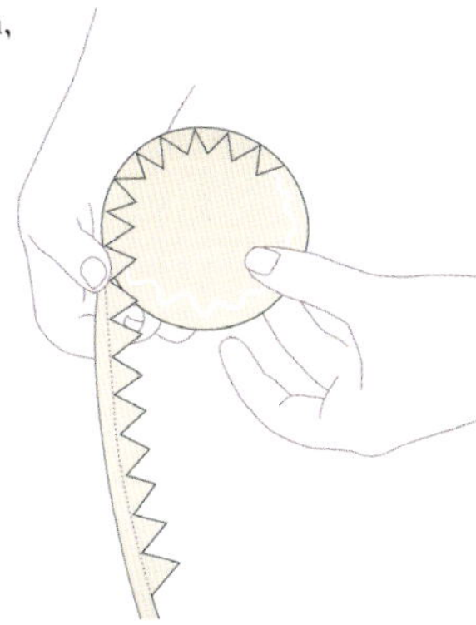

4 Die einzelnen Zähnchen zur Mitte des Kreises falten. Auf den Rand des ersten Kreises Klebstoff auftragen. Jetzt die Zähnchenlinie des Rechtecks an den Rand des Kreises drücken und befestigen. An der kurzen Seite des Rechtecks Klebstoff auftragen und fest andrücken. Mit einer Klammer befestigen, bis der Klebstoff vollständig getrocknet ist.

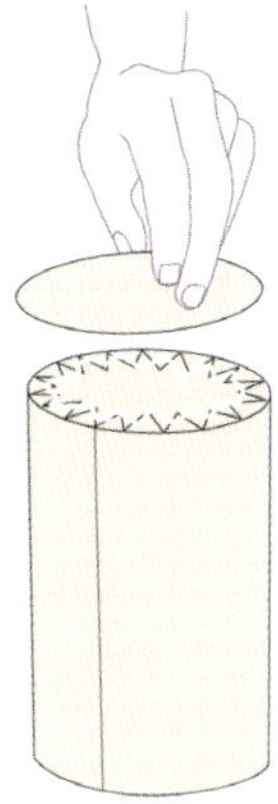

5 Ist der Klebstoff getrocknet, kleben Sie den zweiten Kreis auf die Zähnchenlinie, um einen sauberen Abschluss zu erhalten.

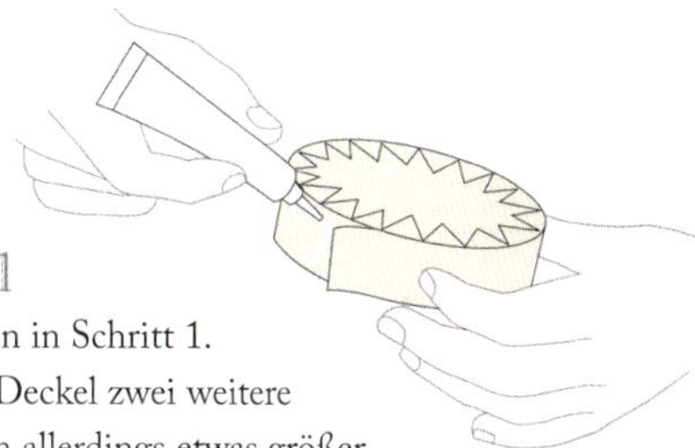

Für den Deckel

Folgen Sie den Angaben in Schritt 1. Schneiden Sie für den Deckel zwei weitere Kreise aus. Diese sollten allerdings etwas größer sein als die Kreise für den Boden, damit der Deckel locker auf die Schachtel passt.

Das Rechteck des Deckels sollte genauso lang sein wie die Seiten der Schachtel. Denken Sie jedoch daran, wenn Sie die Breite festlegen, dass Sie nur einen ca. 1 ½ cm hohen Deckel benötigen.

EINE SECHSECKIGE FALT-SCHACHTEL ANFERTIGEN

Lassen Sie sich von dem kunstvollen Design nicht entmutigen – diese hübsche kleine Schachtel ist unkompliziert und lässt sich mit einigen „dekadenten" Trüffeln bereichern.

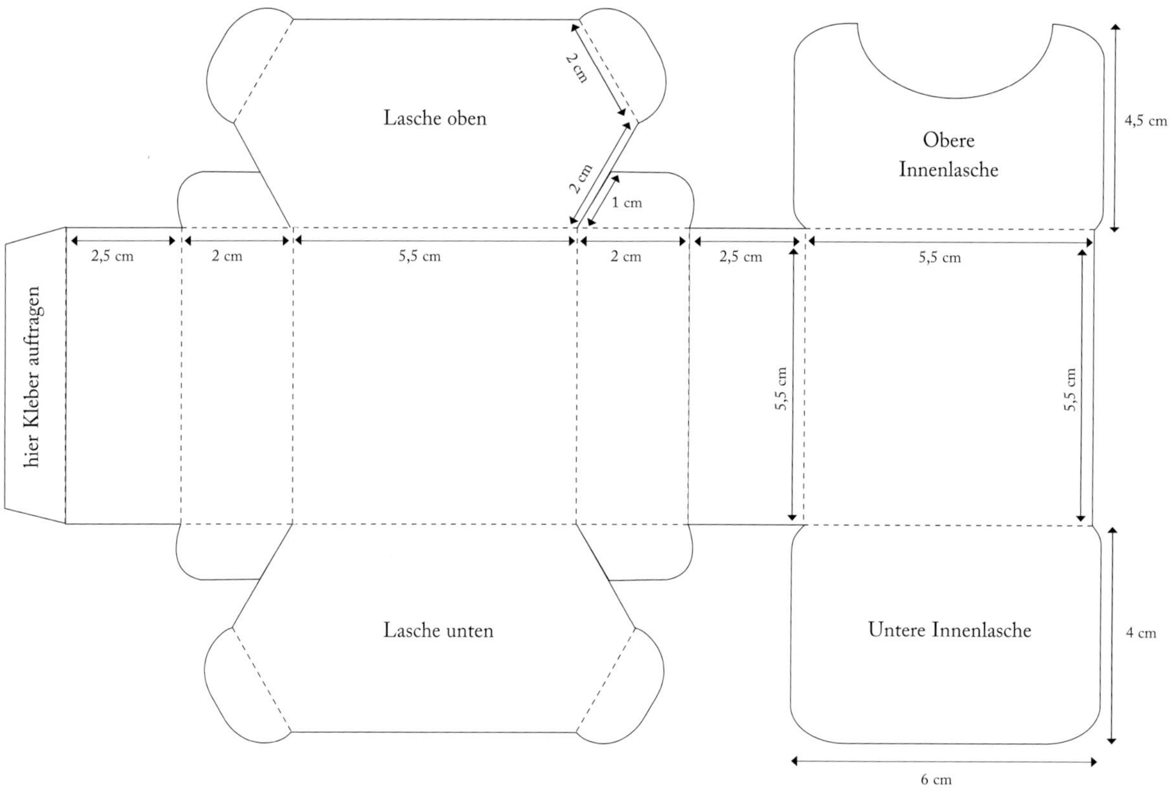

1 Die Vorlage auf den gewählten Karton legen und nachzeichnen. Mit einer scharfen Schere mithilfe von Lineal und Messer entlang der Linie ausschneiden.

2 Die Klebe-Reiter mithilfe eines Lineals gerade zur Innenseite umlegen.

TIPP

Sechseckige Schachteln sind zauberhaft. Ihre eigentümliche Form passt zu lebhaften Drucken und selbst zu skurrilem Papier.

3 Von der langen Seite her das Ende zurück auf die andere Kante falten und den Reiter auf den Hauptteil des Kartons kleben. Die Reiter zusammendrücken, bis der Kleber so trocken ist, dass die Schachtel ihre Form behält.

4 Jetzt den Boden anfertigen. Dafür die Reiter zusammenkleben.

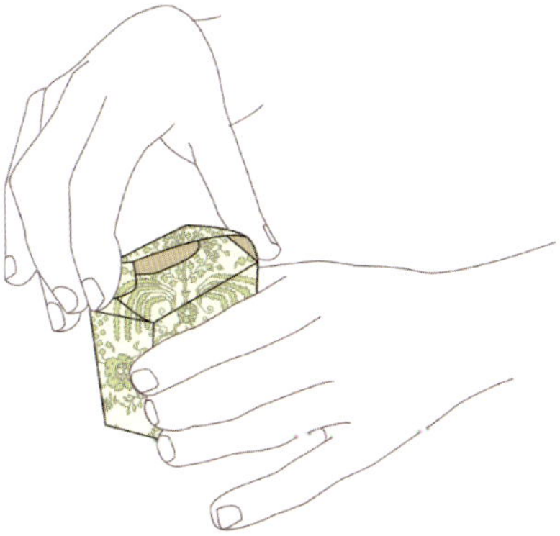

5 Das Oberteil ohne zu kleben zusammenfalten.

EINE RECHTECKIGE SCHACHTEL BEZIEHEN

Ob Sie nun Ihre selbstgefertigte Schachtel von Seite 18 mit hübschem Papier beziehen wollen, oder einen alten Karton wiederverwenden möchten: Die folgende Methode ist simpel. Tragen Sie dabei den Kleber nicht zu dick auf.

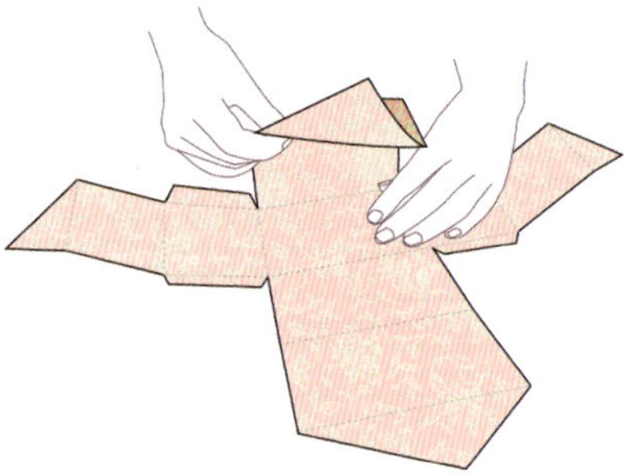

1 Zeichnen Sie die Vorlage von Seite 18 auf Ihr Dekorpapier. Die Abmessungen ggf. an Ihre Schachtel anpassen. Mithilfe eines Lineals mit Messer oder scharfer Schere ausschneiden.

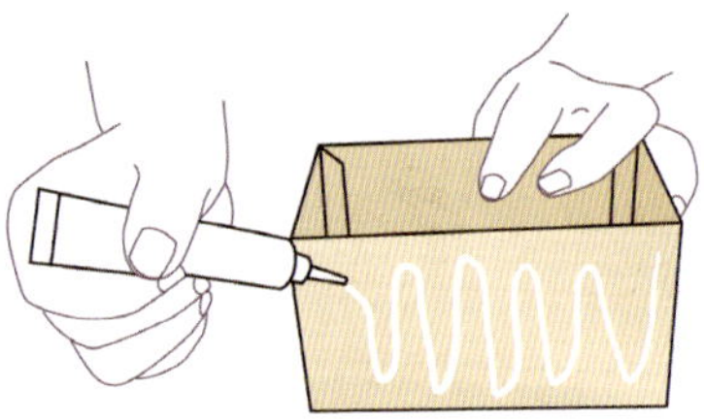

2 Auf die Seiten der Schachtel (innen und außen) Klebstoff auftragen.

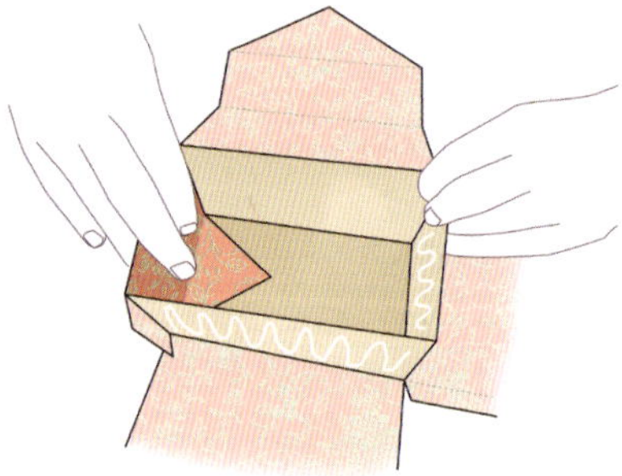

3 Die Schachtel mittig auf das Dekorpapier setzen und das Papier zu den Seitenteilen hin falten. Die erste Seite festkleben und die spitze Kante des Papiers auf dem Boden der Schachtel kleben.

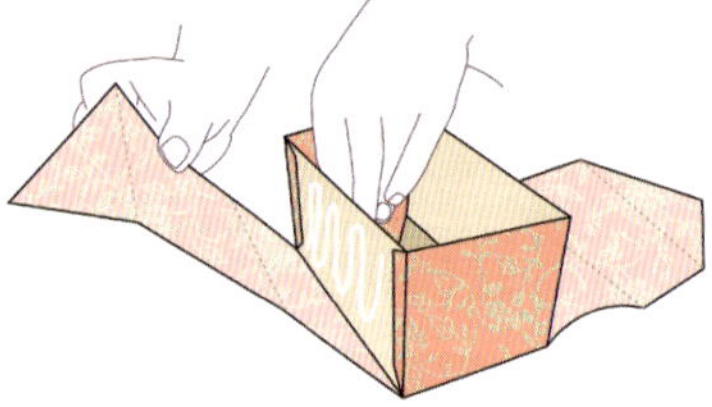

4 So fortfahren, bis alle Seitenteile befestigt sind. Das Papier während des Festklebens glätten.

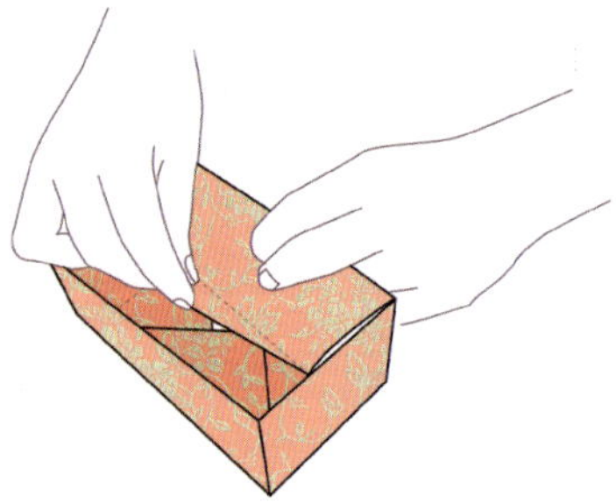

5 Wenn Sie das Papier über das Seitenteil der Schachtel legen, spannen Sie es und falten es dann genau entlang der Kante.

6 Nach Belieben ein Rechteck für den Boden zuschneiden und in die Schachtel kleben.

TIPP

Mit dünnem Papier geht die Arbeit leicht von der Hand. Es gibt dünnes Dekorpapier in wunderhübschen Farben und Drucken. Wenn es jedoch zu dünn ist, kann man den Klebstoff sehen. Wer sehr dünnes Papier verwenden möchte, sollte also statt flüssigem Kleber einen Klebestift verwenden, damit der Karton eine glatte Oberfläche behält.

Den Deckel bekleben

Den Deckel auf dieselbe Weise beziehen.

EINE RUNDE SCHACHTEL BEKLEBEN

Wer eine runde Schachtel aus dünnem Karton verstärken oder eine unschöne aufpeppen möchte, folgt diesen Instruktionen (Fortsetzung nächste Seite).

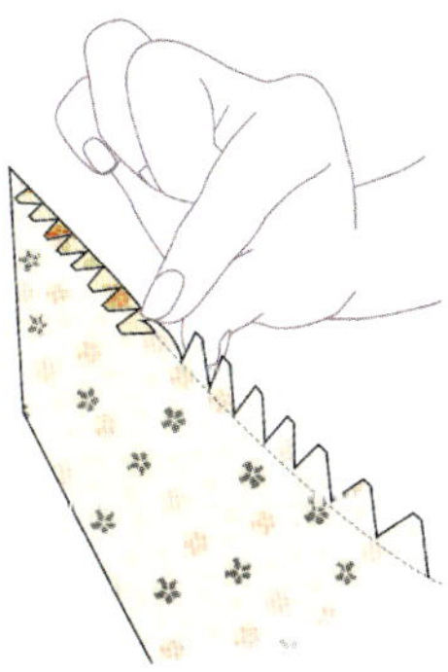

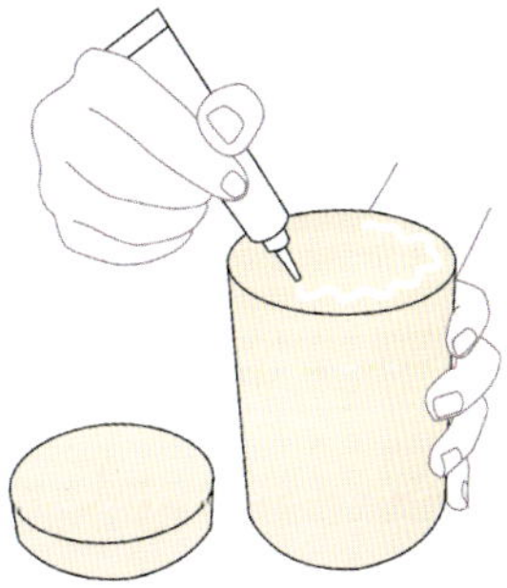

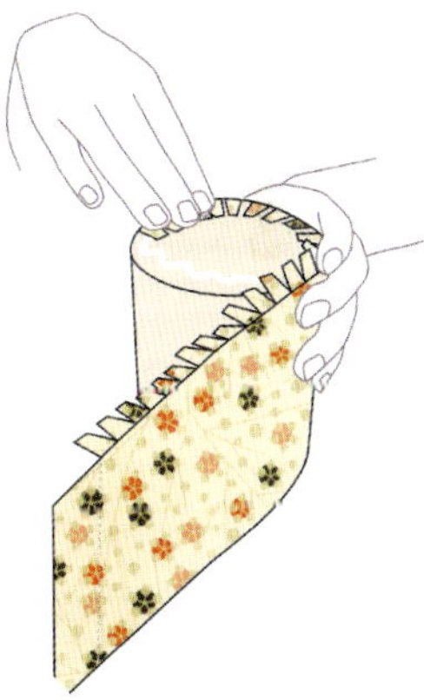

1 Nach der Vorlage das Rechteck zuschneiden und an der langen Papierseite für die zu beklebenden Reiter Einschnitte machen. Die Einschnitte sollten nicht länger als 1 cm sein. Den Kreis für den Boden anzeichnen und nur einmal ausschneiden.

2 Klebstoff auf die Außenseite der Schachtel auftragen.

3 Das Papier rund um die Schachtel legen und dabei glätten. Ist das Papier befestigt, die Einschnitte bzw. Zähnchen für den Boden umlegen.

FORTSETZUNG: EINE RUNDE SCHACHTEL BEKLEBEN

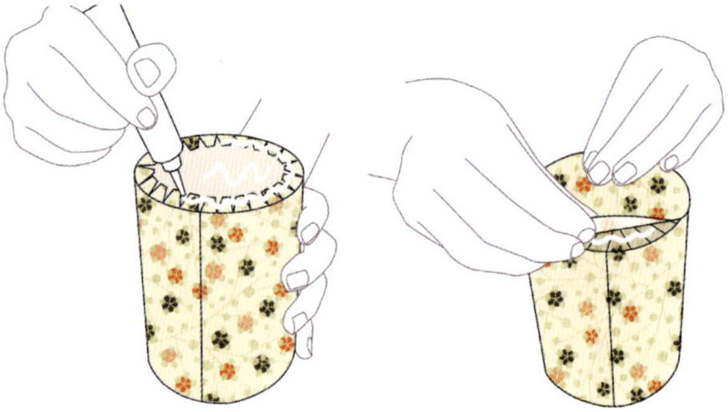

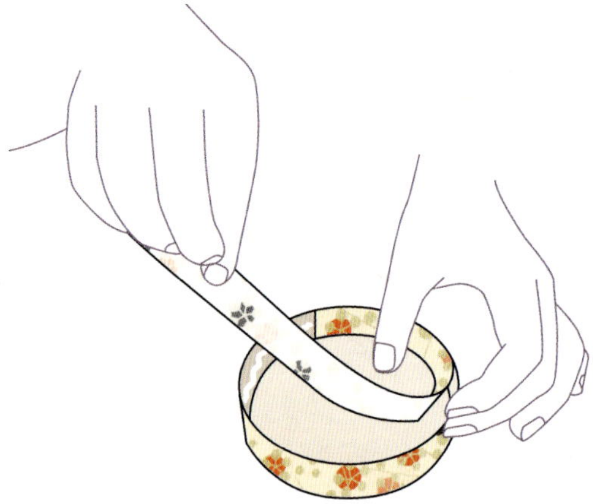

4 Weiteren Klebstoff auftragen, den Bodenkreis befestigen. Alle Teile für den Deckel ausschneiden.

6 Erneut Klebstoff auftragen und den letzten Papierstreifen innen an den Rand des Deckels kleben.

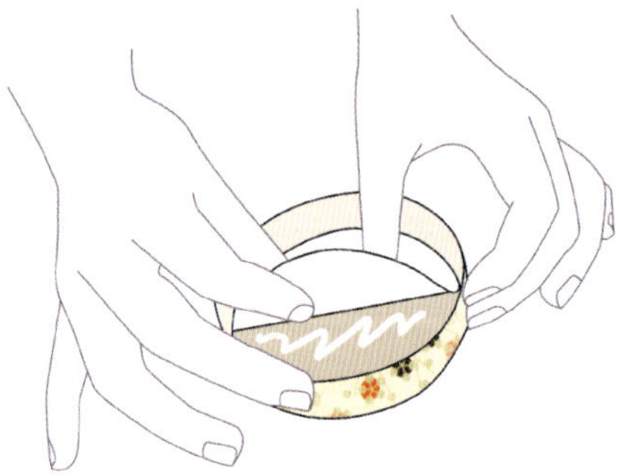

5 Außen auf den Schachteldeckel Kleber auftragen, das schmale Papierrechteck an die Seite kleben und einen Kreis auf die Außenseite. Klebstoff auftragen und den zweiten Kreis auf die Innenseite kleben.

TIPP

Wenn Sie nur hässliche Pappe haben, sollten Sie diese mit Dekorpapier bekleben.

EINE TRENNWAND FÜR EINE SCHACHTEL ANFERTIGEN

Folgen Sie den Hinweisen und basteln Sie eine einfache rechteckige Schachtel (Seite 16). Lassen Sie den Klebstoff vollständig trocknen, bevor Sie eine Trennwand „bauen".

1 Schneiden Sie zwei Stücke aus festem Karton aus. Für die Schachtel von Seite 16 müssen die Stücke eine Größe von 5 x 7,5 cm haben. Jeweils 1,25 cm vom Rand zwei Reiter falten. Beide Kartonstücke so falten, dass ein „I" entsteht.

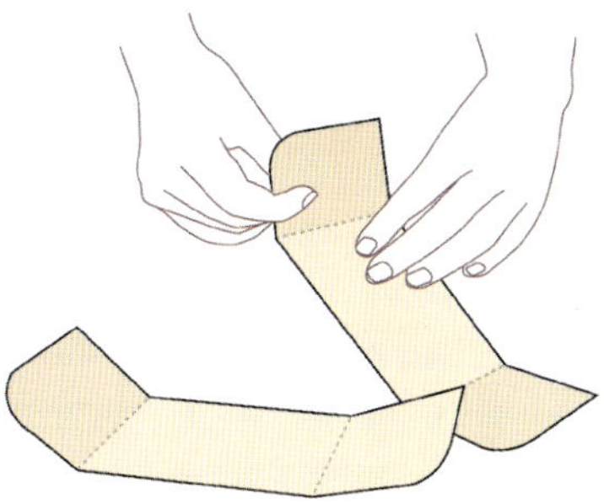

2 Die mittleren Abschnitte der beiden Teile mit Klebstoff zusammenkleben.

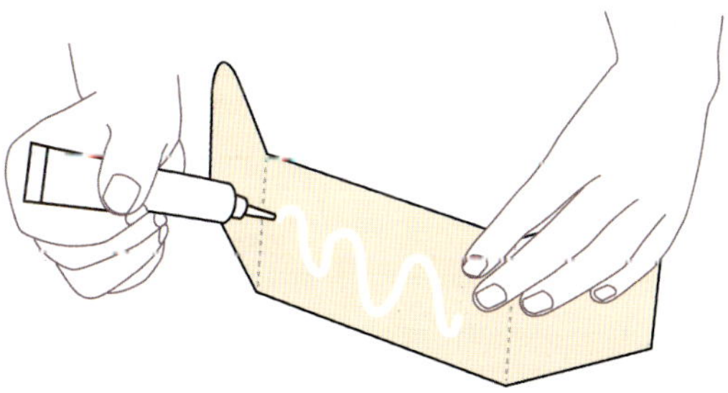

3 Fest zusammendrücken, bis der Klebstoff getrocknet ist.

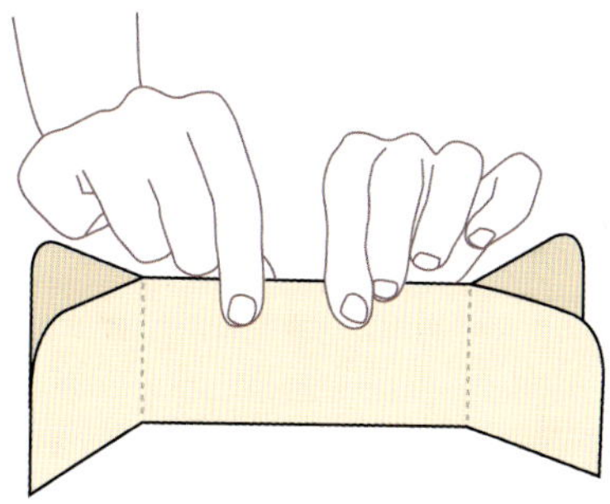

4 Die Trennwand in die Schachtel legen und positionieren.

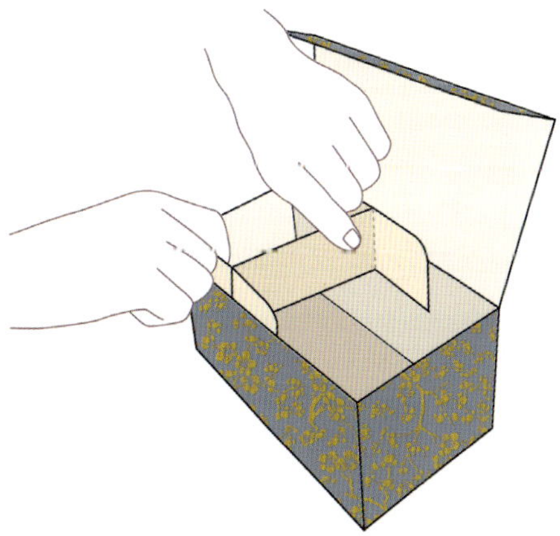

5 Die Reiter auseinanderfalten, Klebstoff auftragen und die Reiter an die Seitenteile der Schachtel kleben. Vor dem Füllen der Schachtel muss der Klebstoff vollständig getrocknet sein.

TIPP

Mit einer Trennwand haben Sie die Möglichkeit, gleich zwei Köstlichkeiten zu verschenken, ohne zwei Schachteln zu benötigen. Zudem sieht so ein Geschenk opulent aus. Damit das Ganze noch besser wirkt, legen Sie Süßigkeiten mit unterschiedlichen Farben hinein. Ein schönes Duo wären Schoko-Blaubeer-Fudge und Minz-Schoko-Fudge. Einfach umwerfend.

KAPITEL 1

Trüffel & Schokolade

Köstlich, im Mund schmelzend und herrlich tröstend: Wer wäre nicht hin und weg, wenn er selbstgemachte Trüffel oder Schokolade bekäme? Die klassischen Trüffel sind mühelos zuzubereiten. Je nach Geschmack des Empfängers können sie vielfältig abgewandelt werden.

WEISSE SCHOKO-TRÜFFEL

Wer weiße Schokolade nicht besonders mag, wird seine Meinung bei diesen verführerischen Kugeln schlagartig ändern. Die qualitativ hochwertige Schokolade mit zartem Schmelz sorgt dafür, dass die Trüffel mit Vanillearoma im Mund dahinschmelzen. Probieren Sie unterschiedliche Aromen aus – alles ist möglich. Besonders lecker sind Whisky-Sahne-Likör oder Kaffee-Essenz.

1 Die weiße Schokolade in eine hitzebeständige Glasschüssel legen.

2 Butter und Sahne in einen Topf geben und bei mittlerer Temperatur erwärmen. Sobald die Masse zu köcheln beginnt, den Topf vom Herd ziehen. Vanilleessenz (oder ein anderes Aroma) einrühren.

3 Die Butter-Sahne-Mischung zur weißen Schokolade gießen und einige Minuten ruhen lassen. Die Hitze bahnt sich in dieser Zeit ihren Weg durch die Schokolade. Vorsichtig rühren, bis die Schokoladenstücke vollständig geschmolzen sind und aus den Zutaten eine Ganache geworden ist.

4 Die Ganache zum Festwerden mindestens 4 Stunden in den Kühlschrank stellen. Abgedeckt hält sie sich 2 Wochen im Kühlschrank.

5 Mit einem Tee- oder Esslöffel jeweils eine kleine Menge Ganache abnehmen – je nachdem, wie groß die Trüffel werden sollen. Mit den Händen kleine Kugeln formen (von Murmel- bis Golfballgröße) und in eine Schüssel mit Puderzucker legen (oder einen anderen Überzug). Die Trüffel darin wälzen, bis sie vollständig überzogen sind.

6 Luftdicht verpackt halten sich die Trüffel 2 Wochen im Kühlschrank.

TIPP

Wenn Sie mehr Trüffel zubereiten möchten, achten Sie darauf, dass Sie die Zutatenmenge im gleichen Verhältnis erhöhen. Wird die Trüffelmasse nicht „fest“, geben Sie etwas mehr weiße Schokolade hinzu.

FÜR 12–14 STÜCK

250 g gehackte weiße Schokolade oder Schoko-Chips

80 g Butter

80 ml Sahne

1 TL Vanilleessenz (oder Kaffee-, Minze-, Zimt- oder Orangenessenz bzw. Whisky-Sahne-Likör)

Puderzucker zum Bestäuben (alternativ Kokosraspel, sehr fein gehackte Nüsse oder dunkles, ungesüßtes Kakaopulver)

DUNKLE SCHOKO-TRÜFFEL

Trüffel aus dunkler Schokolade sind ein Klassiker und zaubern jedem Schoko-Liebhaber ein Lächeln auf die Lippen. Mit einigen kleinen Änderungen können Sie eine Kreation schaffen, die ganz und gar auf den Empfänger zugeschnitten ist. Sie können die Aromen der Ganache abwandeln oder die Kugeln zum Schluss in unterschiedlichen Zutaten rollen. So wird jeder Trüffel ein Meisterwerk.

FÜR 12–24 STÜCK

300 g gehackte dunkle Schokolade oder Schoko-Chips

2 EL Butter

180 ml Sahne

1 EL (oder nach Geschmack) Kaffeeessenz, Cognac oder ein anderes Aroma (nach Belieben)

dunkles ungesüßtes Kakaopulver zum Bestäuben (alternativ klein gehackte Nüsse, Kokosraspel oder Schokostreusel)

1 Die Schokolade in eine hitzebeständige Glasschüssel legen.

2 Butter und Sahne in einen Topf geben und bei mittlerer Temperatur erwärmen. Sobald die Masse zu köcheln beginnt, den Topf vom Herd ziehen. Kaffeeessenz oder ein anderes Aroma einrühren.

3 Die Butter-Sahne-Mischung zur weißen Schokolade gießen und einige Minuten ruhen lassen. Die Hitze bahnt sich in dieser Zeit ihren Weg durch die Schokolade. Vorsichtig rühren, bis die Schokoladenstücke vollständig geschmolzen sind und aus den Zutaten eine Ganache geworden ist.

4 Die Ganache zum Festwerden mindestens 4 Stunden in den Kühlschrank stellen. Abgedeckt hält sich die Ganache 2 Wochen im Kühlschrank.

5 Mit einem Tee- oder Esslöffel jeweils eine kleine Menge Ganache abnehmen – die Menge hängt davon ab, wie groß die Trüffel werden sollen. Mit den Händen kleine Kugeln daraus formen (von Murmel- bis Golfballgröße) und in eine Schüssel mit dunklem Kakaopulver legen (oder einem anderen Überzug). Die Trüffel darin wälzen, bis sie vollständig überzogen sind. Luftdicht verpackt halten sich die Trüffel 2 Wochen im Kühlschrank.

TIPP

Eine Ganache aus dunkler Schokolade ist sehr viel nachsichtiger als eine aus weißer Schokolade, und es lässt sich mühelos auch eine größere Menge zubereiten. Durch Erhöhen des Sahneanteils wird sie weicher und lässt sich gut als Guss für einen Kuchen verwenden.

SCHOKOKUGELN MIT ERDNUSSBUTTER-GANACHE

Es ist schwer, die klassische Kombination von Schokolade und Erdnussbutter zu toppen. Die leichte Salzigkeit der Erdnussbutter gleicht die cremige Süße der Schokolade aus. Bei dieser Variante entsteht eine leichte, luftige Erdnussbutter-Ganache. Sie verwandelt die traditionelle Erdnussbutter in etwas, an das sich der Empfänger noch sehr lange erinnern wird.

FÜR 24–48 STÜCK

400 g feine Erdnussbutter

225 g weiche Butter

1 TL Vanilleessenz

375 g Puderzucker

250 g geschmolzene Milchschokolade, dunkle oder weiße Schokolade für den Guss (oder weniger, wenn nicht alle glasiert werden sollen) oder nach Belieben Candy Melts

1 Die Erdnussbutter, die weiche Butter und die Vanilleessenz in eine Schüssel geben. Auf hoher Stufe schlagen, bis eine homogene Masse entstanden ist.

2 Den Puderzucker tassenweise unterrühren. Je nach Konsistenz der Erdnussbutter und abhängig von Ihrem persönlichen Geschmack lässt sich die Zuckermenge reduzieren. Deshalb den Puderzucker nach und nach unterarbeiten, bis eine feste Masse entsteht. Die Masse darf nicht krümelig sein, sondern soll sich auf Fingerdruck fest und trocken anfühlen. Sie sollten die Masse in der Hand halten können, ohne dass etwas kleben bleibt.

3 Die Erdnussbutter-Ganache im Kühlschrank abkühlen lassen, bis sie fest geworden ist. Das dauert etwa 4 Stunden (auch über Nacht möglich). Mit einem Teelöffel von der Masse etwas abnehmen und zu Kugeln in gewünschter Größe rollen.

4 Die Kugeln wahlweise portionsweise nur halb in die geschmolzene Schokolade tauchen, um kastanienartige Gebilde zu machen, oder vollständig eintauchen, um Trüffel anzufertigen.

5 So lange abkühlen lassen, bis die Schokolade fest geworden ist. Schneller geht das im Kühlschrank. Nach Belieben mit Streifen aus dunkler oder weißer Schokolade verzieren. Sind die Kugeln fest, in Geschenkschachteln legen. Luftdicht verpackt halten sich die Kugeln 2 Wochen im Kühlschrank.

TIPP

Wenn Sie zu langsam arbeiten und die Ganache Zimmertemperatur bekommt und klebrig wird, einfach wieder kalt stellen und die Schokolade erst kurz vor dem Rollen schmelzen.

LAGERUNG

Dieses Rezept ergibt sehr viel Erdnussbutter-Ganache. Mit Folie abgedeckt hält sie sich einige Monate im Gefrierschrank.

APRIKOSEN MIT MARZIPAN

Das ist das einzige Rezept in diesem Buch, das nicht von mir stammt. Doch die mit Marzipan gefüllten Aprikosen sind so lecker, dass ich sie Seite an Seite mit meinen Kreationen vorstellen möchte. Als Dr. Chuw diese Kreation schuf, um sie einem Konditor anzubieten, entwickelte er ein Rezept, das einfach und unglaublich köstlich zugleich ist. Anspruchsvoll genug auch für den feinsten Gaumen, sind diese Aprikosen der Publikumshit!

FÜR 12–24 STÜCK

12–24 ganze getrocknete Aprikosen

Marzipan (45–90 g; hängt ab davon, wie viele Aprikosen Sie füllen möchten)

geschmolzene dunkle Schokolade zum Glasieren (etwa 90 g) oder Candy Melts nach Belieben

60–120 ml Weinbrand (nach Belieben)

1 Die Aprikosen vorsichtig öffnen. Am besten alle Aprikosen einschneiden, bevor Sie mit dem Füllen beginnen.

2 Kleine Stücke Marzipan abschneiden und ins Innere der Aprikosen stecken. Die Aprikosen wieder schließen. So viel Marzipan hineinstecken, dass das Innere der Aprikosen bis zum Rand gefüllt ist. So schließen sie gut.

3 In die dunkle Schokolade oder nach Belieben in Candy Melts tauchen und die Glasur fest werden lassen. Schneller geht das im Kühlschrank.

4 Ist die Schokolade fest, können die Aprikosen als Geschenk verpackt werden. Luftdicht verpackt halten sie sich bis zu 2 Wochen im Kühlschrank. Sie sollten nicht feuchter Luft ausgesetzt werden, denn sonst wird die Schokolade klebrig und flockt aus.

TIPP

Werden Erwachsene beschenkt, können Sie die Aprikosen in Weinbrand einweichen, bis die Flüssigkeit absorbiert wurde (4–12 Stunden). Dann füllen Sie diese mit Marzipan. Die Aprikosen können auch in Liköre eingeweicht werden.

COOKIE-TRÜFFEL MIT SCHOKO-CHIPS

Für alle, die es für eine Schande halten, Keksteig zu backen, werden diese Trüffel eine Offenbarung sein. Das Geheimnis besteht darin, die Eier durch gesüßte Kondensmilch zu ersetzen. So schmecken die Trüffel herrlich nach Keksen, und die Gefahr des Verderbens entfällt. Ich habe noch niemanden getroffen, der sich nach dem ersten Bissen nicht in diese Trüffel verliebt hätte.

FÜR 12–24 STÜCK

225 g Weizenmehl

1 TL Backnatron

150 g brauner Zucker

115 g weiche Butter

1 TL Vanilleessenz

400 g gesüßte Kondensmilch (aus der Dose)

90 g dunkle Schoko-Chips

30 g fein gehackte Nüsse (nach Belieben)

geschmolzene dunkle, weiße oder Vollmilchschokolade für die Glasur (ca. 250 g, wenn alle Trüffel glasiert werden) oder Candy Melts nach Belieben

1 Das Mehl, das Backnatron und den braunen Zucker gut mischen. Die Butter und die Vanilleessenz zugeben und einarbeiten, bis der Teig krümelig wird.

2 Die Kondensmilch gründlich unterrühren, bis ein fester und leicht klebriger Teig entsteht. Er sollte jedoch nicht feucht sein. Ist er zu klebrig und feucht, esslöffelweise weiteres Mehl unterkneten.

3 Die Schoko-Chips und die Nüsse nach Belieben unterheben. Den Teig kalt stellen, bis er fest ist. Das dauert im Kühlschrank einige Stunden.

4 Mit einem Tee- oder Esslöffel kleine Mengen Teig abnehmen – die Menge hängt davon ab, wie groß die Trüffel werden sollen. Mit den Händen zu Kugeln rollen (zwischen Murmel- und Golfballgröße).

5 In Schokolade oder Candy Melts tauchen und mehrere Stunden trocknen lassen, bis die Glasur fest ist. Schneller geht das im Kühlschrank.

6 Die Kugeln als Geschenk verpacken. Luftdicht verpackt halten sie sich bis zu 2 Wochen im Kühlschrank.

TIPP

Aus dem Teig können auch Kekse gebacken werden. 10 Minuten im vorgeheizten Ofen bei 200 °C backen. Sie können den Teig auch für Ihre Lieblingstrüffel abwandeln. Statt Schoko-Chips getrocknete Früchte oder unterschiedliche Nüsse verwenden.

LAGERUNG

Der Teig kann eingefroren werden. Im Voraus zubereiten oder den Teig in zwei Portionen teilen.

WEISSE SCHOKO-TRÜFFEL MIT FRÜCHTEKUCHEN

Wenn nach dem Weihnachtsfest Früchtekuchen und Weinbrandbutter übrig geblieben sind, gibt es kaum jemanden, der davon noch essen mag. Jetzt muss eine leichtere Version her, etwas, das den Geschmack des Früchtekuchens besitzt, aber nicht die Schwere der Festtagsausgabe. Die Trüffel schmecken so lecker, dass sie schon vor dem Weihnachtsessen auf den Tisch kommen. Sie sind ein beschwipstes Geschenk.

FÜR 12–24 STÜCK

450 g Früchtekuchen

ca. 4 EL Weinbrandbutter oder einfache Butter

30 g fein gehackte Nüsse (nach Belieben)

4 EL Sahne

geschmolzene weiße Schokolade zum Glasieren (ca. 250 g für alle Trüffel) oder Candy Melts nach Belieben

HINWEIS

Wenn Sie nur noch Kuchenreste zur Verfügung haben, reduzieren Sie die anderen Zutaten entsprechend.

1. Den Kuchen zerbröseln und mit der Butter vermengen. Nach Belieben die Nüsse unterarbeiten.

2. Die Sahne zugeben und so lange rühren, bis die Masse ihre Form behält.

3. Im Kühlschrank abkühlen lassen, bis die Masse fest geworden ist.

4. Mit einem Teelöffel etwas von der Masse abnehmen und mit den Händen zu Kugeln in der gewünschten Größe formen.

5. Mit der geschmolzenen Schokolade oder mit Candy Melts überziehen.

6. Bei Zimmertemperatur oder im Kühlschrank fest werden lassen, dann in eine Geschenkschachtel legen. Luftdicht verpackt halten sie sich bis zu 2 Wochen im Kühlschrank. Die Trüffel sollten nicht feuchter Luft ausgesetzt werden, dann wird die Schokolade klebrig und flockt aus.

TIPP

Das Rezept eignet sich nicht nur zur Verwertung der Feiertagsreste. Sie können auch andere Leckereien in ähnlicher Weise verarbeiten. Alles was Sie benötigen, ist ein Kuchen (ohne Guss), der mit etwas Glasur oder süßem Frischkäse vermengt wird und mit Sahne oder Butter die nötige Feuchtigkeit bekommt. Und dann die Kugeln in Schokolade tauchen.

SCHOKO-MARMELADE-SCHNITTEN

Ein vernünftiger Mensch hat immer ein raffiniertes Rezept zur Hand, von dem niemand glaubt, dass es einfach zuzubereiten ist. So ist das für mich mit diesem Rezept. Dunkle Schokolade mit einem Hauch Bitterkeit ist die ideale Ergänzung für die Orangenkonfitüre. Das Duo zu einem Geschenk vereint, wird jeden Beschenkten tief beeindrucken. Wer Zeit hat, kann die Konfitüre selbst zubereiten, aber es funktioniert genauso gut mit gekaufter.

Für die Marmelade

1 Mit einer Küchenmaschine (weil es schneller geht) oder per Hand die Orangen erst vierteln, dann fein hacken. Als Maßstab dient die Schale: Bei feinerer Marmelade sollte diese sehr fein sein, bei einer stückigeren Marmelade können die Stücke größer sein. Wer keine Schale in der Marmelade mag, schält die Orangen vor der Weiterverarbeitung.

2 Die Orangen in einen Topf geben, den Zucker zugeben, unterrühren und das Ganze zum Kochen bringen. 20 Minuten köcheln, bis die Masse eingedickt ist.

3 In vorbereitete Gläser füllen. Wurden die Gläser sterilisiert, hält sich die Marmelade jahrelang (siehe Seite 14). In nicht sterilisierten Gläsern hält sie sich an einem kühlen Ort mehrere Monate. Für dieses Rezept benötigen Sie nur 125 g Marmelade.

Für die Schnitten

1 Zwei Drittel der dunklen Schokolade schmelzen. Die restliche Schokolade zugeben und kurz umrühren, bis auch diese geschmolzen ist (so lässt sich die Masse besser temperieren und man verhindert, dass sie während des Abkühlens ausflockt. Eine dünne Schicht Schokolade in die Mulden der Form gießen, der Boden sollte gerade bedeckt sein.

2 Vorsichtig eine dünne Schicht Marmelade auftragen, darauf achten, dass die Marmelade nicht bis ganz nach oben reicht. Wieder Schokolade auftragen und die Mulden vollständig füllen. Die Schokolade sollte sich auch an den Seiten der Mulden befinden, damit die Marmelade vollständig umschlossen wird. Mit der Form vorsichtig auf die Arbeitsfläche klopfen, damit mögliche Luft entweicht.

3 Abkühlen lassen, bis die Schokolade fest geworden ist. Luftdicht verpackt halten sie sich bis zu 2 Wochen im Kühlschrank.

FÜR 16 STÜCKE

MARMELADE
6 Bio-Orangen

1 kg Zucker

SCHOKOSCHICHTEN
340 g zerbrochene oder gehackte dunkle Schokolade

Für diese Schnitten benötigen Sie eine Silikonform – ich habe eine mit 16 Mulden verwendet.

ABWANDLUNGEN

Probieren Sie dieses Rezept mit der Cranberry-Orangen-Marmelade von Seite 90 – der Geschmack ist sensationell. Auch andere festere Konfitüren eignen sich, z. B. Limettenmarmelade oder Cranberrysauce.

Wenn Sie für die Marmelade unterschiedliche Zitrusfrüchte verwenden möchten, müssen Sie die Zahl der Früchte variieren, damit die Menge gleich bleibt. Beispiel: 2 Limetten entsprechen 1 Orange.

KAPITEL 2

Gebäckhäppchen mit Schokoguss

Einfach mal was anderes: Ihr Lieblingsgebäck, in kleine Häppchen geschnitten und mit köstlicher Schokolade überzogen. Es hält sich eine Woche.

ROTE-SAMTKUCHEN-FRISCHKÄSE-BÄLLCHEN

Als ich ein junges Mädchen war, gab es für mich nichts Besseres als den Roten Samtkuchen. Hier serviere ich ihn in mundgerechten Stücken.

Für den Kuchen

1 Den Backofen auf 180 °C vorheizen. Eine rechteckige Form (23 x 32 cm) oder 2 runde (Durchmesser 23 cm) fetten und mit Mehl ausstreuen (oder mit Backpapier belegen).

2 Das Mehl, das Backpulver und das Salz in eine Schüssel sieben und beiseite stellen.

3 In einer großen Schüssel die Butter und den Zucker für ca. 3 Minuten schaumig schlagen. Nach und nach die Eier unterrühren, darauf achten, dass auch der Teig vom Rand mit untergerührt wird. Die Vanilleessenz einrühren.

4 Die Mehlmischung und die gesäuerte Milch abwechselnd unterrühren, bis alles vermischt ist. Immer mit der Mehlmischung beginnen und enden.

5 In einer kleinen Schüssel den Kakao mit Lebensmittelfarbe verrühren. Die Mischung so lange unter den Teig rühren, bis sie gleichmäßig verteilt ist.

6 Das Backnatron und den Essig schaumig rühren. Per Hand unter den Teig heben. Den Teig in die vorbereitete Form bzw. Formen geben und im vorgeheizten Backofen 25–30 Minuten backen. Ein eingeführter Zahnstocher sollte sauber herauskommen. Abkühlen lassen.

Für die Frischkäsecreme

Mit einem elektrischen Handrührgerät die Butter und den Frischkäse aufschlagen. Die Vanilleessenz unterrühren. Den Zucker unterrühren und beiseite stellen.

Für die Gebäckhäppchen

1 Den Kuchen und den Guss vor der Weiterverarbeitung vollständig abkühlen lassen. Den Kuchen grob zerkleinern und in eine Schüssel geben. Das geht am besten mit den Händen.

2 Die Frischkäse-Masse zugeben und unterarbeiten, bis das Gemisch die Konsistenz von Knetgummi hat. Löffelweise davon abnehmen und daraus murmel- bis golfballgroße Kugeln formen.

3 Die Kugeln auf einen Teller legen und mindestens 2 Stunden oder über Nacht kalt stellen. Die Schokolade oder Candy Melts schmelzen und die Kugeln damit überziehen. Das geht am leichtesten mit einer Dippgabel oder einem Zahnstocher, den Sie in die Häppchen stecken. Die fertigen Häppchen auf eine Silikonmatte legen und den Guss fest werden lassen. Schneller fest wird der Guss im Kühlschrank. Die Häppchen in Geschenkschachteln legen.

FÜR CA. 48 HÄPPCHEN

ROTER SAMTKUCHEN

300 g gesiebtes Weizenmehl

3 TL Backpulver

½ TL Salz

115 g weiche Butter

300 g Zucker

2 Eier

1 TL Vanilleessenz

240 ml Milch, mit 1 EL Essig verrührt; stehen lassen, bis sie dick geworden ist

2 gehäufte EL ungesüßtes Kakaopulver

4 EL flüssige rote Lebensmittelfarbe

1 TL Backnatron

1 TL Essig

Fett und Mehl für die Form

FRISCHKÄSECREME

225 g Butter

450 g Frischkäse

1 TL Vanilleessenz

250 g Puderzucker

VERZIERUNG

360 g geschmolzene Schokolade oder Candy Melts, 180 g kontrastierende Schokolade zum Beträufeln

MÖHRENKUCHEN-BUTTERCREME-HÄPPCHEN

Möhrenkuchen hat die besondere Fähigkeit, uns in dem Glauben zu lassen, wir würden gesundes Gemüse essen, wenn wir in ein Stück Kuchen beißen. Diese köstlichen Häppchen sind ein schönes Geschenk in der kalten Jahreszeit, denn die Gewürze passen gut zu warmen Getränken.

FÜR CA. 48 HÄPPCHEN

MÖHRENKUCHEN
200 g brauner Zucker

240 ml Pflanzenöl

3 Eier

3 geriebene mittelgroße Möhren

200 g Rosinen

geriebene Schale von 1 Bio-Orange

115 g Weizenmehl

1 TL Backpulver

1 TL Backnatron

1 TL gemahlener Zimt

½ TL gemahlene Muskatnuss

½ TL gemahlener Kardamom

Fett und Mehl für die Form

BUTTERCREME
225 g weiche Butter

190 g Puderzucker

1–2 EL Milch

GUSS
ca. 540 g geschmolzene weiße Schokolade oder Candy Melts

Für den Kuchen

1. Den Backofen auf 180 °C vorheizen. Eine rechteckige Form (23 x 32 cm) oder 2 runde (Durchmesser 23 cm) fetten und mit Mehl ausstreuen.

2. Den braunen Zucker, das Öl und die Eier mit einem Löffel verrühren, bis eine homogene Masse entsteht. Die geriebenen Möhren, die Rosinen und die Orangenschale unterarbeiten.

3. Das Mehl, das Backpulver, das Backnatron und die Gewürze in eine zweite Schüssel sieben. Die Mischung portionsweise unter den flüssigen Teig rühren. Sofort aufhören, wenn die Zutaten sich verbunden haben. Der Teig sollte noch flüssig sein und auch noch einige Klümpchen enthalten.

4. Den Teig in die vorbereitete Form bzw. Formen geben und im vorgeheizten Backofen 40–45 Minuten backen. Ein eingeführter Zahnstocher sollte sauber herauskommen. Abkühlen lassen.

Für die Buttercreme

1. Mit einem elektrischen Handrührgerät die Butter cremig aufschlagen. Erst die Hälfte des Zuckers einrühren, dann die zweite Hälfte, bis das Ganze eine glatte Konsistenz hat.

2. Die Milch unterrühren. So lange rühren, bis die Masse die gewünschte Konsistenz hat.

3. In den Kühlschrank stellen.

Für die Häppchen

Folgen Sie den Angaben auf Seite 43. Die Kugeln mit mehreren Schichten Schokolade überziehen. Luftdicht verpackt halten sie sich bis zu 2 Wochen im Kühlschrank.

TIPP

Nutzen Sie etwas von dem Saft der Orange, um die Creme zu aromatisieren.

MINZ-SCHOKO-HÄPPCHEN

Es gibt nur wenige Aromen, die so gut mit Schokolade harmonieren wie die Frische von Minze. Im Sommer schmeckt die Schokolade herrlich erfrischend, in der kälteren Jahreszeit wirkt die Kombination stärkend.

Für den Kuchen

1 Den Backofen auf 180 °C vorheizen. Eine rechteckige Form (23 x 32 cm) oder 2 runde (Durchmesser 23 cm) fetten und mit Mehl ausstreuen.

2 Die trockenen Zutaten mit Ausnahme des Zuckers in eine große Schüssel sieben und mischen.

3 In einer zweiten Schüssel den Zucker und die Butter oder Margarine leicht schaumig aufschlagen. Das Ei und die Essenz einrühren. So lange rühren, bis das Ganze cremig ist.

4 Die trockenen Zutaten abwechselnd mit der Milch unterrühren, bis das Ganze eine homogene Konsistenz hat.

5 Den Teig in die vorbereitete Form oder Formen geben und im vorgeheizten Backofen 25–30 Minuten backen. Ein eingeführter Zahnstocher sollte sauber herauskommen. Abkühlen lassen.

Für die Schokocreme

1 Die Butter und den Zucker leicht schaumig aufschlagen. Die Milch und die Essenz zugeben und unterrühren.

2 Das Kakaopulver gründlich unterrühren. Stimmt die Konsistenz nicht, etwas Milch oder Zucker zusätzlich unterrühren. Beiseite stellen.

Für die Häppchen

Folgen Sie den Angaben auf Seite 43. Luftdicht verpackt halten sie sich bis zu 2 Wochen im Kühlschrank.

TIPP

Wenn Sie es sich etwas einfacher machen möchten, können Sie eine Backmischung nehmen und 1–2 TL Pfefferminzessenz unterrühren.

FÜR CA. 48 HÄPPCHEN

MINZKUCHEN
45 g ungesüßtes Kakaopulver

115 g Weizenmehl

1 TL Backpulver

½ TL Salz

¼ TL Backnatron

150 g Zucker

75 g Butter oder Margarine

1 Ei

1 TL Pfefferminzessenz

160 ml kalte Milch

Fett und Mehl für die Form

SCHOKOCREME
6 EL Butter

340 g Puderzucker

5 EL Milch

1 TL Vanille- oder Pfefferminzessenz

6 EL ungesüßtes Kakaopulver

VERZIERUNG
ca. 350 g geschmolzene Milchschokolade oder Candy Melts und 180 g kontrastierende dunkle Schokolade für die Streifen

ERDNUSSBUTTER-SCHOKO-HÄPPCHEN

Der üppig salzige Geschmack der Erdnussbutter passt herrlich zum Schmelz von Schokolade. Eine köstliche Verbindung, die Kinder glücklich macht, aber auch Heranwachsende und Erwachsene zum Naschen verführt. Bereiten Sie diese Häppchen zu, wenn eine bunt gemischte Schar von Gästen zu Ihnen kommt. Denn diese Köstlichkeit wird von nahezu allen geliebt.

FÜR CA. 48 HÄPPCHEN

ERDNUSSBUTTER-KUCHEN
225 g weiche Butter

3 EL feine Erdnussbutter

4 Eier

200 g feiner oder normaler Zucker

115 g saure Sahne oder Crème fraiche

175 g Weizenmehl

1 ½ TL Backpulver

Fett und Mehl für die Form

SCHOKOCREME
6 EL Butter

340 g Puderzucker

5 EL Milch

6 EL ungesüßtes Kakaopulver

GLASUR
ca. 350 g geschmolzene Schokolade oder Candy Melts

Für den Kuchen

1. Den Backofen auf 180 °C vorheizen. Eine rechteckige Form (23 x 32 cm) oder 2 runde (Durchmesser 20 cm) fetten und mit Mehl ausstreuen.

2. Mit einem elektrischen Handrührgerät die Butter, die Erdnussbutter, die Eier, den Zucker und die saure Sahne oder die Crème fraîche verrühren, bis eine cremige Konsistenz entsteht.

3. Das Mehl und das Backpulver mischen, unterheben und alle Zutaten zu einem glatten Teig verarbeiten.

4. Den Teig in die vorbereitete Form oder Formen geben und in 30 Minuten goldgelb backen. Ein eingeführter Zahnstocher sollte sauber herauskommen. Aus dem Ofen nehmen und abkühlen lassen.

Für die Schokocreme

Während der Backzeit die Creme zubereiten und zwar die von den Minz-Schoko-Häppchen von Seite 47. Doch Vorsicht: Keine Pfefferminzessenz unterrühren!

Für die Häppchen

Folgen Sie den Anweisungen von Seite 43 und verzieren Sie die Häppchen. Luftdicht verpackt halten sie sich bis zu 2 Wochen im Kühlschrank.

TIPP

Sie können auch fertigen Kuchen kaufen, doch wenn Sie die Zeit finden, selbst zu backen, werden Sie nie wieder einen fertigen Kuchen kaufen.

KOKOS-FRISCHKÄSE-HÄPPCHEN

Der wunderbar erlesene Geschmack der Kokosnuss prädestiniert sie geradezu für kleine Häppchen. Wer sich schon einmal in Schoko-Kokos-Pralinen verliebt hat, bekommt die Aromen hier gepaart mit alledem, was Kuchen so wunderbar macht. Bereiten Sie ruhig eine große Menge zu – die Häppchen sind schnell aufgegessen.

Für den Kuchen

1 Den Backofen auf 180 °C vorheizen. Eine runde Form (23 cm) fetten und mit Mehl ausstreuen.

2 Mit einem Schneebesen das Mehl, das Salz und das Backpulver in einer Schüssel verrühren, bis die Zutaten gut gemischt sind.

3 In einer zweiten Schüssel die Butter, den Zucker und das Ei schaumig aufschlagen. Die Vanilleessenz unterrühren.

4 Die Mehlmischung und die Milch abwechselnd unterrühren, bis das Ganze eine cremige Konsistenz hat.

5 Die Kokosraspel unterheben und gründlich verrühren. Den Teig in die vorbereitete Form geben.

6 Den Kuchen 40 Minuten backen. Ein eingeführter Zahnstocher sollte sauber herauskommen.

Für die Frischkäsecreme

Während der Kuchen backt, die Masse zubereiten. Bereiten Sie die Frischkäsecreme vom Roten Samtkuchen von Seite 43 zu.

Für die Häppchen

Folgen Sie den Anweisungen von Seite 43 und verzieren Sie die Häppchen. Luftdicht verpackt halten sie sich bis zu 2 Wochen im Kühlschrank.

FÜR CA. 48 HÄPPCHEN

KOKOSKUCHEN
175 g Weizenmehl

½ TL Salz

2 ½ TL Backpulver

75 g Butter

65 g Zucker

1 Ei

1 TL Vanilleessenz

120 ml Milch

65 g Kokosraspel

Fett und Mehl für die Form

FRISCHKÄSECREME
225 g Butter

450 g Frischkäse

250 g Puderzucker

1 TL Vanilleessenz

GLASUR
ca. 250 g geschmolzene dunkle Schokolade oder Candy Melts

1 EL Kokosraspel zum Bestreuen

WÜRZIGE KÜRBIS-BUTTERCREME-HÄPPCHEN

Kürbis ist ein herrliches Herbstgemüse, das leider viel zu selten zum Backen genutzt wird. Die köstlichen Aromen von würzigem Kürbis und Buttercreme werden bei diesen Häppchen, die schnell im Mund verschwinden, kombiniert. Sie sind ein herrliches Geschenk für jemanden, der sich gern saisonal ernährt oder auf Kürbiskuchen ganz versessen ist.

FÜR CA. 48 HÄPPCHEN

KÜRBISKUCHEN
225 g Weizenmehl

3 TL Backpulver

2 TL Backnatron

¼ TL Salz

2 TL gemahlener Zimt

1 TL gemahlene Muskatnuss

1 TL gemahlene Nelken

330 g sehr feiner oder normaler Zucker

240 ml Pflanzenöl

500 g gegarter, zerdrückter Kürbis

4 Eier

Fett und Mehl für die Form

BUTTERCREME
225 g weiche Butter

190 g Puderzucker

1–2 EL Milch

1 TL Zimtpulver

½ TL gemahlene Muskatnuss

½ TL gemahlene Nelken

GLASUR
ca. 500 g geschmolzene Schokolade oder Candy Melts

48 Marzipankürbisse (aus dem Backshop)

Für den Kuchen

1 Den Backofen auf 180 °C vorheizen. Eine rechteckige Form (23 x 32 cm) fetten und mit Mehl ausstreuen.

2 Das Mehl, das Backpulver, das Backnatron, das Salz und die Gewürze in eine große Schüssel sieben.

3 In einer zweiten Schüssel den Zucker und das Öl verrühren, dann den Kürbis untermengen.

4 Die Eier nacheinander unterschlagen, dann das Ganze portionsweise unter die Mehlmischung rühren.

5 Den Teig in die vorbereitete Form geben und 30–40 Minuten backen, der Kuchen sollte goldgelb sein. Ein eingeführter Zahnstocher sollte sauber herauskommen. Aus dem Ofen nehmen und abkühlen lassen.

Für die Buttercreme

Während der Kuchen backt, die Buttercreme des Möhrenkuchens (Seite 44) zubereiten. Zusätzlich die Gewürze unterrühren.

Für die Häppchen

Folgen Sie den Anweisungen auf Seite 43 und verzieren Sie die Häppchen. Luftdicht verpackt halten sie sich im Kühlschrank bis zu 2 Wochen.

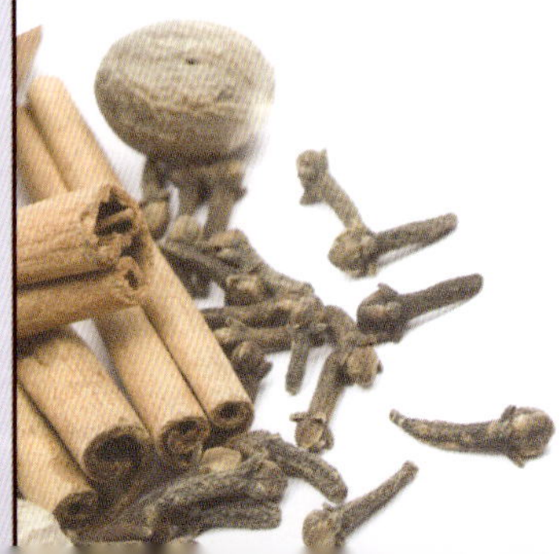

FRISCHKÄSE-ZITRONEN-KONFEKT

Zitrone und weiße Schokolade, das ist ein traumhaftes Duo: süß und sauer zugleich mit cremiger Note. Die leckeren Häppchen sind ein hübsches Geschenk für jedes kleine Mädchen, das davon träumt, Prinzessin zu sein. Natürlich auch für erwachsene Frauen, die eine romantische Ader haben. Köstlich und ladylike: ideal für alle, die ein edles Dessert lieben.

Für den Kuchen

1 Den Backofen auf 180 °C vorheizen. Zwei runde Formen (20 cm) fetten und mit Mehl ausstreuen.

2 Die zerlassene Butter und den Puderzucker verrühren, bis sich der Zucker vollständig aufgelöst hat. Das Ei, den Zitronensaft und die Zitronenschale unterrühren.

3 Das Mehl und das Backpulver darübersieben und die Zutaten vorsichtig vermengen.

4 Den Teig in die vorbereiteten Formen geben und im vorgeheizten Backofen 30 Minuten backen. Ein eingeführter Zahnstocher sollte sauber herauskommen. Aus dem Ofen nehmen und abkühlen lassen.

Für die Frischkäsecreme

Während der Kuchen backt, die Creme zubereiten und beiseite stellen. Die Frischkäsecreme für den Roten Samtkuchen (Seite 43) ist die ideale Ergänzung für den Zitronenkuchen.

Für das Konfekt

Folgen Sie den Anweisungen auf Seite 43. Luftdicht verpackt hält sich das Konfekt im Kühlschrank zwei Wochen.

TIPP

Geben Sie nur eine Zahnstocherspitze Lebensmittelfarbe (Puder oder Gel) hinzu. Niemals flüssige Lebensmittelfarbe nehmen, wenn Schokolade dabei ist, da diese klumpt. Natürlich können Sie auch leuchtend gelbe Candy Melts verwenden.

FÜR CA. 48 STÜCK

ZITRONENKUCHEN
115 g zerlassene Butter

125 g Puderzucker

1 Ei

Saft und abgeriebene Schale von 2 Bio-Zitronen

115 g Weizenmehl

1 TL Backpulver

Fett und Mehl für die Form

FRISCHKÄSECREME
225 g Butter

450 g Frischkäse

250 g Puderzucker

1 TL Vanilleessenz

GLASUR
ca. 250 g geschmolzene weiße Schokolade, gefärbt mit einem Tropfen gelber Lebensmittelfarbe (Puder oder Gel)

KAPITEL 3

Zarte Gaumenfreuden

Manchmal wünschen wir uns etwas Weiches und Süßes, das der Schokolade nicht allein das Rampenlicht überlässt. Hier finden Sie köstliche Rezepte mit verführerischer Gourmet-Note, aus denen sich herrliche Geschenke zaubern lassen.

GRANATAPFEL-CUPCAKES MIT HONIG UND BUTTERCREME

Granatapfelsirup ist eine echte Offenbarung – das intensive Aroma bettelt geradezu darum, auf unterschiedlichste Weise Verwendung zu finden. Wenn er einen köstlichen Cupcake krönt, läuft er zur Hochform auf.

Für die Cupcakes

1 Den Backofen auf 190 °C vorheizen. 1 oder 2 Muffinformen mit Papier- oder Silikonformen auskleiden, je nachdem, wie groß die Cupcakes sein sollen.

2 Die Butter schaumig aufschlagen, bis sie ihr Volumen erhöht hat.

3 In einer zweiten Schüssel die trockenen Zutaten mischen. Die Eier und die Milch in einer dritten Schüssel verrühren.

4 Die trockenen Zutaten im Wechsel mit der Eiermilch unter die Buttermasse rühren. So lange rühren, bis ein weicher Teig entsteht. Den Granatapfelsirup und die -kerne gründlich unterheben.

5 Den Teig in die Förmchen geben (nicht mehr als jeweils zu zwei Dritteln voll). Etwa 15 Minuten backen, die Cupcakes sollten aufgegangen, aber nur leicht gebräunt sein. Abkühlen lassen.

Für das Buttercreme-Frosting

1 Die Butter leicht aufschlagen und den Zucker einrühren. So lange rühren, bis eine schaumige Masse entsteht, die so steif ist, dass sie ihre Form behält.

2 Den Honig oder den Sirup unterrühren, bis die gewünschte Konsistenz erreicht ist. Im Kühlschrank abkühlen lassen, bevor die Creme aufgetragen wird.

3 Die Cupcakes in die Geschenkschachtel stellen. Luftdicht verpackt halten die Cupcakes im Kühlschrank 2 Tage, eingefroren 2 Wochen.

TIPP

Beeindrucken Sie Ihre Freunde mit Cupcakes in zwei unterschiedlichen Geschmacksrichtungen, ohne dass Sie selbst einen Mehraufwand haben. Unter eine Teighälfte rühren Sie Granatapfelsirup und -kerne, die andere Hälfte verfeinern Sie anders.

FÜR 12–24 CUPCAKES

CUPCAKES
150 g weiche Butter

190 g feiner Zucker

150 g Weizenmehl

2 TL Backpulver

1 Prise Salz

4 Eier

4 EL fettarme Milch

120 ml Granatapfelsirup

Kerne von 2 Granatäpfeln

HONIG-BUTTERCREME
75 g weiche Butter

600 g gesiebter Puderzucker

60–120 ml Honig (oder Rübensirup)

TIPP

Durch mehr Honig wird das Ganze flüssig und Sie können es darübergießen. Wer es aufspritzen will, nimmt nicht so viel Honig.

CUPCAKES MIT JOHANNISBEEREN UND SCHOKOLADE

Es gibt Momente, in denen rote Johannisbeeren Jubelrufe auslösen. Die säuerlichen Beeren mit leicht süßer Note (wie Cranberries) laufen gemeinsam mit weißer Schokolade zu geschmacklicher Höchstform auf. Diese Cupcakes sind leicht und saftig und werden selbst dem anspruchsvollsten Cupcakefan gefallen.

FÜR 12–24 CUPCAKES

CUPCAKES
275 g weiche Butter

190 g feiner Zucker

150 g Weizenmehl

2 TL Backpulver

1 Prise Salz

4 Eier

4 EL fettarme Milch

300 g frische rote Johannisbeeren

250 g gehackte weiße Schokolade

WEISSE-SCHOKO-BUTTER-CREME
75 g weiche Butter

625 g gesiebter Puderzucker

175 g geschmolzene weiße Schokolade (Zimmertemperatur)

Für die Cupcakes

1 Den Backofen auf 190 °C vorheizen. 1 oder 2 Muffinformen mit Papier- oder Silikonformen auskleiden, je nachdem, wie groß die Cupcakes sein sollen.

2 Die Butter schaumig aufschlagen, bis sie ihr Volumen erhöht hat.

3 In einer zweiten Schüssel die trockenen Zutaten mischen.

4 Die Eier und die Milch in einer dritten Schüssel verrühren.

5 Die trockenen Zutaten im Wechsel mit der Eiermilch unter die Buttermasse rühren. So lange rühren, bis ein weicher Teig entsteht. Die roten Johannisbeeren und die weiße Schokolade gut unterheben.

6 Den Teig in die Förmchen geben (nicht mehr als jeweils zu zwei Dritteln voll). Etwa 15 Minuten backen, die Cupcakes sollten aufgegangen, aber nur leicht gebräunt sein. Abkühlen lassen.

Für das Buttercreme-Frosting

1 Die Butter leicht aufschlagen.

2 Den Zucker einrühren. So lange rühren, bis eine schaumige Masse entsteht, die so steif ist, dass sie ihre Form behält.

3 Die geschmolzene Schokolade unterrühren. Im Kühlschrank abkühlen lassen, bevor das Frosting aufgetragen wird.

4 Die Cupcakes in die Geschenkschachtel stellen. Luftdicht verpackt halten die Cupcakes im Kühlschrank 2 Tage, eingefroren 2 Wochen.

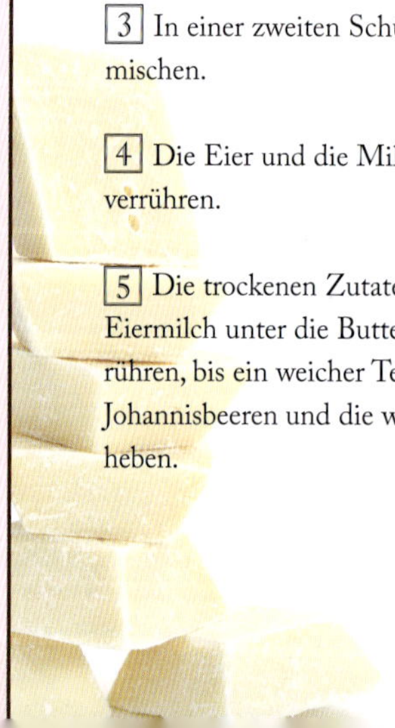

DREIERLEI SCHOKO-BROWNIES

Es gibt kaum jemanden, der Brownies nicht liebt. Sie verbinden die allerbesten Vorzüge von Schokokuchen und Biskuit. Kein Wunder also, dass es Unmengen von alten Rezepten gibt. Was macht diese Brownies nun so besonders, dass sie zu einem einzigartigen Geschenk werden? Ich sage nur: dreierlei Schokolade. Milchschokolade, dunkle und weiße Schokolade bringen jeden Schokoholic zum Schmelzen.

1 Den Backofen auf 180 °C vorheizen. Eine rechteckige Form (23 x 32 cm) oder eine kleinere Form (falls die Brownies dicker werden sollen) fetten und mit Mehl ausstreuen.

2 Den Kakao und das Backnatron verrühren. 80 ml Öl mit dem heißen Wasser verrühren, dann den Zucker und die Eier unterrühren. Das Mehl und das Salz zugeben und unterarbeiten. Die Vanilleessenz einrühren und zum Schluss das restliche Öl untermengen.

3 Die Schokostückchen unterziehen und den Teig in die vorbereitete Form geben. 30–45 Minuten backen. Die Backzeit hängt von Ihrem Ofen ab und davon, wie trocken Sie die Brownies mögen. Ich backe sie gerade 25 Minuten, weil ich sie sehr saftig mag. Sollen die Brownies eher an Kuchen erinnern, entsprechend länger backen.

4 Die Brownies abkühlen lassen, in Stücke schneiden und in die Geschenkschachtel legen. Luftdicht verpackt halten sie 3 Tage, eingefroren 2 Wochen.

FÜR 1 FORM

75 g ungesüßtes Kakaopulver

½ gehäufter TL Backnatron

160 ml Pflanzenöl

120 ml heißes Wasser

200 g Zucker

2 Eier

175 g Weizenmehl

¼ TL Salz

1 TL Vanilleessenz

175 g (insgesamt) weiße, dunkle und Vollmilchschokolade zu gleichen Teilen, gehackt oder Chips

Fett für die Form

TIPP

Schokostücke vor der Verwendung ins TK-Fach legen. Auf diese Weise schmelzen sie nicht vollständig. Die kleinen Schokonester schmecken wahnsinnig gut!

AHORNSIRUP-CUPCAKES MIT WALNUSSCREME-FROSTING

Diese Cupcakes sind genau das Richtige für die kalte Jahreszeit. Machen Sie es sich nach einem Herbstspaziergang damit vor dem Kamin gemütlich.

FÜR 12–18 CUPCAKES

CUPCAKES

300 g Weizenmehl

2 TL Backpulver

1 TL Backnatron

½ TL Salz

1 TL gemahlener Zimt

120 g weiche Butter

100 g brauner Zucker

2 Eier

300 ml Ahornsirup

2 TL Vanilleessenz

120 ml Milch, mit 1 EL Essig verrührt; stehen lassen, bis sie dick geworden ist

WALNUSSCREME-FROSTING

75 g weiche Butter

625 g gesiebter Puderzucker

1 TL Walnussessenz (nach Belieben)

50 g fein gehackte geröstete Walnusskerne

Für die Cupcakes

1 Den Backofen auf 180 °C vorheizen. 1 ½ Muffinformen vorbereiten und Papier- oder Silikonformen in die Mulden setzen.

2 Mit einem Schneebesen alle trockenen Zutaten in einer großen Rührschüssel gründlich mischen. Das Backpulver und das Backnatron müssen gut mit den restlichen Zutaten vermischt sein, das macht die Cupcakes so locker.

3 In einer zweiten großen Schüssel die Butter und den Zucker aufschlagen, bis das Ganze eine cremig-schaumige Konsistenz hat. Die Eier, den Ahornsirup und die Vanille unterrühren. Mit einem elektrischen Handrührgerät auf mittlerer Stufe so lange rühren, bis ein glatter und homogener Teig entsteht.

4 Die Mehlmischung im Wechsel mit der Milch unterarbeiten, dabei immer mit der Mehlmischung beginnen und enden. Den Teig in die vorbereiteten Muffinformen geben, dabei jede Mulde jeweils nur zu zwei Dritteln füllen.

5 Im vorgeheizten Backofen 20–22 Minuten backen. Die Cupcakes sollten elastisch sein, d. h. auf Finger- oder Löffeldruck nachgeben. Wenn Sie einen Zahnstocher in die Cupcakes stecken, sollte dieser sauber wieder herauskommen. Die Cupcakes vollständig abkühlen lassen.

Für das Walnusscreme-Frosting

1 Die Butter leicht schaumig aufschlagen, dann den Zucker einrühren. Weiterrühren, bis das Ganze schaumig und so fest ist, dass es seine Form behält. Nach Belieben die Walnussessenz unterziehen.

2 Die Walnüsse gründlich untermischen und die Cupcakes mit dem Frosting verzieren. In die vorbereitete Geschenkschachtel stellen. Luftdicht verpackt halten sich die Cupcakes im Kühlschrank 2 Tage, eingefroren 2 Wochen.

TOFFEE-CUPCAKES MIT ZIMT

Finden die Aromen von Toffee und Zimt Zugang zu saftig-köstlichen Cupcakes, sind sie ein ideales Mitbringsel, wenn Ihnen jemand sehr am Herzen liegt.

FÜR 9–18 CUPCAKES

TOFFEE
200 g Zucker

6 EL Butter

120 g Schlagsahne

CUPCAKES
225 g Weizenmehl

1 ½ TL Backpulver

½ TL Backnatron

2 TL gemahlener Zimt

½ TL Salz

175 g weiche Butter

125 g Zucker

2 Eier

150 g saure Sahne oder Frischkäse

BUTTERCREME-FROSTING
625 g gesiebter Puderzucker

75 g weiche Butter

½ TL Zimtpulver

Für den Toffee

1 Den Zucker in einen Topf geben und bei mittlerer Hitze unter Rühren erwärmen, bis er zu schmelzen beginnt. Weiterrühren, bis der Zucker sich vollständig aufgelöst hat und zu kochen beginnt. Sobald der Sirup anfängt zu köcheln, mit dem Rühren aufhören.

2 Der Zucker sollte eine dunkle Bernsteinfarbe bekommen. Ist dies so weit, die Butter zugeben, kurz kräftig rühren, bis die Butter vollständig zerlassen ist. Dann den Topf vom Herd nehmen.

3 Dreimal sorgfältig durchrühren, dann langsam die Sahne zugießen. Ständig rühren, bis das Ganze gut vermischt ist und eine cremige Konsistenz hat.

4 Die sich abkühlende Masse in mehrere hitzefeste Gläser füllen und vollständig abkühlen lassen. Denken Sie daran: Wenn Zucker kocht, ist er sehr heiß und Sie könnten sich verbrennen. Fassen Sie die Gläser erst an, wenn das Ganze abgekühlt ist. (Ich benutze mehrere Gläser, damit die Masse schneller abkühlt, und verwende nicht die gesamte Toffee-Masse für ein Rezept.)

Für die Cupcakes

1 Den Backofen auf 180 °C vorheizen. Papier- oder Silikonformen in 9 große oder 18 kleinere Muffin-Vertiefungen setzen.

2 Das Mehl, das Backpulver, das Backnatron, den Zimt und das Salz in einer großen Rührschüssel gründlich mischen. Das Backpulver und das Backnatron müssen gleichmäßig verteilt sein, damit die Cupcakes richtig schön aufgehen können.

3 In einer großen Schüssel die weiche Butter und den Zucker so lange verrühren, bis eine schaumig-cremige Masse entsteht. Die Eier und die saure Sahne oder Frischkäse unterrühren, bis ein gut vermischter und cremig-lockerer Teig entsteht.

4 Im Wechsel die Mehlmischung und das Toffee unterarbeiten, dabei mit der Mehlmischung anfangen und enden. Den Teig in die vorbereiteten Muffin-Vertiefungen geben (jeweils zu zwei Dritteln füllen). 20–25 Minuten im vorgeheizten Backofen backen bzw. so lange, bis der Cupcake auf Finger- oder Löffeldruck nachgibt. Mit Buttercreme-Frosting glasieren. (Das Frosting von Seite 62 passt sehr gut; lassen Sie Walnüsse und Walnussessenz weg und verwenden Sie stattdessen Zimt.) Luftdicht verpackt halten sich die Cupcakes 2 Tage im Kühlschrank, eingefroren 2 Wochen.

TIPP

Für den Sirup sollte alles bereitstehen, bevor Sie beginnen, denn er wird schnell hart.

HONIGTARTES

Seit jeher wird Honig seiner heilenden und süßenden Eigenschaften wegen verwendet. Auch religiöse und symbolische Werte werden ihm zugesprochen. Kein Wunder also, dass Honig weltweit begehrt wird. Mit einem mürben (aber überraschend einfachen) Teig und einer süßen, cremigen Füllung werden diese Tartes zu einem absolut verführerischen Geschenk.

FÜR 24 MINI- ODER 12 KLEINE TARTES

TEIG
120 g Weizenmehl

50 g brauner Zucker

50 g gehackte Pekannüsse

120 g zerlassene Butter

FÜLLUNG
200 g brauner Zucker

1 verquirltes Ei

1 ½ EL Honig

¼ TL gemahlene Muskatnuss

¼ TL gemahlener Piment

¼ TL gemahlener Zimt

25 g gehackte Pekannüsse (nach Belieben)

Für den Teig

1 Das Mehl, den braunen Zucker und die Nüsse gut vermengen.

2 Die zerlassene Butter zugeben und unterrühren, bis sich aus dem Teig eine Kugel formen lässt. Ist der Teig zu klebrig, etwas Mehl zusätzlich unterarbeiten. Der Teig muss jedoch nicht optimal zu bearbeiten sein, da er nicht ausgerollt wird, sondern in die Förmchen gelegt wird.

3 Den Teig in 24 Stücke (für Mini-Tartes) oder 12 Stücke (für größere Tartes) teilen. Mit den Fingern Boden und Rand der Formen mit dem Teig auskleiden.

4 Die Tartes kalt stellen. Sie müssen vor dem Füllen nicht blindgebacken werden.

Für die Füllung

1 Den Backofen auf 200 °C vorheizen.

2 Den braunen Zucker und 120 ml Wasser kochen, bis ein heller Sirup entsteht (nur unter Rühren aufkochen lassen, nicht weiterkochen). Den Topf vom Herd nehmen und den Sirup abkühlen lassen.

3 Das Ei, den Honig und die Gewürze gründlich unterrühren. Die Tartes zu zwei Dritteln damit füllen. Nach Belieben mit Pekannüssen bestreuen und 20 Minuten backen.

4 Aus dem Ofen nehmen und abkühlen lassen. Luftdicht verpackt halten sie sich 1 Woche.

TIPP

Sie können aus diesem Rezept auch eine große Tarte zubereiten – ein herrliches Party-Dessert.

MARSHMALLOWS

Wer glaubt, Marshmallows seien langweilig, der hat noch nie im Leben selbstgemachte Marshmallows gegessen. Mit ihrer seidig-glatten Textur und ihrem köstlichen Aroma schmecken diese schon pur himmlisch – erst recht, wenn sie heiße Getränke und Desserts verfeinern.

1 120 ml kaltes Wasser in die Rührschüssel eines elektrischen Handrührgerätes gießen, die Gelatine darüberstreuen und 10 Minuten weichen lassen.

2 Den Zucker, den Sirup und 60 ml Wasser in einen kleinen Topf geben. Aufkochen und 1 Minute kochen lassen. Den kochenden Sirup zur Gelatine gießen und auf höchster Stufe mit dem elektrischen Handrührgerät verrühren.

3 Das Salz zugeben und 12 Minuten weiterrühren. Die Mischung wird ihr Volumen verdoppeln und weiß werden. Das kann manchmal auch etwas länger dauern. Die Vanilleessenz zugeben und gründlich unterrühren.

4 Die Masse in eine flache Auflaufform (mit geölter Frischhaltefolie ausgelegt) füllen. Nehmen Sie kein Blech aus Silikon, sondern lieber eine Form (23 x 23 oder 23 x 32 cm) aus Blech. Die Größe der Form hängt davon, wie hoch die Marshmallows werden sollen. Die Masse gleichmäßig verstreichen. (Hände, Teigschaber oder ein Schabemesser etwas einölen.)

5 Die Marshmallow-Masse mit der Mischung aus Puderzucker und Weinstein bestreuen. Einige Minuten ruhen lassen, am besten im Kühlschrank. Bis die Masse fest wird, kann es 5 Stunden dauern. Am besten über Nacht ruhen lassen.

6 Die Marshmallowmasse vorsichtig aus der Form nehmen und auf die mit Puderzucker bestäubte Arbeitsfläche stürzen. Die Masse in Stücke schneiden (ich nehme dafür am liebsten die Küchenschere, aber es geht auch mit einem Messer). Die Stücke von allen Seiten mit der Puderzucker-Weinstein-Mischung bestreuen.

7 Jetzt können die Marshmallows als Geschenk verpackt werden. Luftdicht verpackt (vermeiden Sie extreme Luftfeuchtigkeit) halten sie sich 3 Monate.

FÜR CA. 12 STÜCK

3 Pck. Gelatinepulver

400 g Zucker

160 ml Rübensirup

¼ TL Salz

1 EL Vanilleessenz

Puderzucker und Weinstein zum Bestäuben (im Verhältnis 50:50, nach Belieben mehr Zucker)

TIPP

Einzigartige Geschenke entstehen, wenn Sie die Marshmallows unterschiedlich aromatisieren – probieren Sie Minze zu dampfendem Kakao und Pumpkin Spice (Mischung aus Zimt, Ingwer, Muskat, Nelken) zum Kaffee.

KAPITEL 4

Krokant & Fudge

Hier finden Sie Rezepte für köstliche Naschereien, die nur darauf warten, in einer Schachtel Freunden und Familie präsentiert zu werden. Ob Sie nun eine traditionelle Süßigkeit zubereiten oder einen Klassiker im modernen Kleid – hier finden Sie die richtige Geschenkidee.

UNWIDERSTEHLICHER BUTTERKROKANT

Als ich einem Bekannten erzählte, dem ich diesen Krokant einmal geschenkt hatte, dass dieses Rezept ins Buch kommt, sagte er mir, das einzige Problem dabei sei, dass man die Köstlichkeit dieses Krokants nicht mit Worten beschreiben könne. Ich kann Ihnen nur sagen, Sie werden kein einfacheres Rezept finden, das so lecker schmeckt.

FÜR CA. 450 G

18 ungesalzene Kräcker (oder einfache Kekse)

225 g Butter

100 g brauner Zucker

½ TL Backpulver

175 g dunkle Schokolade (Chips oder gehackt)

evtl. Fett für das Blech

1. Den Backofen auf 200 °C vorheizen. Ein Backblech fetten oder mit Folie belegen.

2. Die Hälfte der Kräcker auf das Blech legen.

3. Die Butter in einem Topf zerlassen. Den Zucker zugeben, langsam zum Kochen bringen, dabei die ganze Zeit rühren. So lange rühren, bis der Zucker sich vollständig aufgelöst hat. Das dauert etwa 6 Minuten. Die Masse wird hellbraun und beginnt dabei sich „aufzuplustern“.

4. Den Topf vom Herd nehmen und sofort das Backpulver einrühren, bis es sich aufgelöst hat. Die Masse „plustert“ sich weiter auf.

5. Die Hälfte der Masse auf die Kräcker gießen, die restlichen Kräcker darauf verteilen und mit der restlichen Masse begießen.

6. Im vorgeheizten Backofen 6 Minuten backen.

7. Aus dem Ofen nehmen und mit den Schoko-Stückchen bestreuen. Die Schokolade einige Minuten schmelzen lassen, dann mit einem Teigschaber glatt verstreichen.

8. Den Krokant abkühlen lassen, dann in Stücke brechen und in Geschenkkartons legen. Luftdicht verpackt hält er sich im Kühlschrank 1 Woche.

TIPP

Vergessen Sie niemals, die Form einzufetten. Alternativ legen Sie eine Silikonauflage hinein. Wenn Sie den Krokant vollständig abkühlen lassen, ist es unglaublich schwierig, ihn aus der Form zu lösen.

MACADAMIA-ERDNUSS-KROKANT

Der Krokant ist nicht nur wunderbar knusprig, er hat auch genau die richtige Mischung aus Toffee und salzigen Nüssen – das ganze Jahr ein herrliches Geschenk.

FÜR CA. 450 G

100 g Zucker

120 ml Rübensirup

¼ TL Salz

75 g Erdnüsse

60 g Macadamianüsse

2 EL weiche Butter

1 TL Backnatron

evtl. Fett für das Blech

ABWANDLUNGEN

Nehmen Sie für dieses Rezept Ihre Lieblingsnüsse, z. B. Paranüsse, die Sie mit Schokolade überziehen.

1 Ein großes Backblech fetten und beiseite stellen oder eine Backauflage auf die Arbeitsfläche legen.

2 In einem 2-Liter-Topf Zucker, Sirup, Salz und 60 ml Wasser mischen. Ein Zuckerthermometer in den Topf hängen, sofern Sie eines besitzen. Aufkochen lassen.

3 Sobald das Ganze kocht, die Nüsse hinzufügen.

4 Während des Kochens durchgängig rühren. Nicht zu schnell (dann sinkt die Temperatur), sondern langsam und gleichmäßig. Ohne Rühren brennt die Masse an.

5 So lange kochen, bis das Thermometer 150 °C anzeigt oder der Zucker die Karamellstufe erreicht (wird ein kleiner Tropfen in sehr kaltes Wasser geworfen, bildet er harte kleine Fäden).

6 Hat der Zucker die richtige Temperatur erreicht, den Topf sofort vom Herd nehmen und die Butter hinzufügen. Rühren, bis diese geschmolzen ist. Das Backnatron einrühren, die Masse gewinnt sofort an Volumen. Gründlich, aber sanft durchrühren.

7 Die Masse auf das vorbereitete Blech gießen und mit dem Löffelrücken gleichmäßig verstreichen. Vollständig abkühlen lassen, dann in Stücke brechen und in eine Geschenkschachtel legen. Luftdicht verpackt hält sich der Krokant 3 Monate.

TIPP

Das Rezept lässt einem nicht viel Zeit. Backnatron und abgewogene Butter sollten Sie vor Beginn parat haben.

GRANATAPFELSIRUP-BONBONS

Wenn ich ein Geschenk für einen Mann mit einem exquisiten Gaumen brauche, greife ich zu einer Flasche dickflüssigem Granatapfelsirup, um daraus eine Süßigkeit zu schaffen, die so geschmeidig und köstlich wie Karamellbonbons ist, aber ein exotischeres Aroma hat.

1 Eine Form (23 cm) fetten oder mit Alufolie bzw. einer Silikonauflage auslegen.

2 Alle Zutaten mit 60 ml Wasser in einen Topf geben und bei mittlerer Temperatur erwärmen. Dabei die ganze Zeit rühren, damit die Zutaten sich verbinden.

3 Ein Zuckerthermometer einhängen und das Ganze aufkochen. Kochen lassen, bis die Masse 150 °C erreicht. Darauf achten, dass Sie gleichmäßig rühren, damit nichts anbrennt. Das dauert etwa 15–20 Minuten. Zum Schluss sehr achtsam sein, denn die Temperatur steigt gegen Ende sehr schnell an.

4 Sind die 150 °C erreicht, den Topf vom Herd nehmen und die Masse in die vorbereitete Form gießen.

5 Einige Minuten abkühlen lassen, bis die Masse hart zu werden beginnt. Dann die Oberfläche einschneiden, damit es leichter wird, die Masse in Stücke zu brechen. Wenn sie komplett abgekühlt ist, kann man sie an den Markierungen durchbrechen.

6 Die Stücke luftdicht verpacken, denn Feuchtigkeit macht sie weich. So verpackt halten sie sich 3 Monate.

FÜR CA. 450 G

250 g Zucker

1 EL Rübensirup

3 EL Granatapfelsirup

7 EL Butter

evtl. Fett für das Blech

TIPP

Granatapfelsirup ist in der Küche des Mittleren Ostens beliebt. Sie finden ihn in Reformhäusern oder Spezialitätenläden.

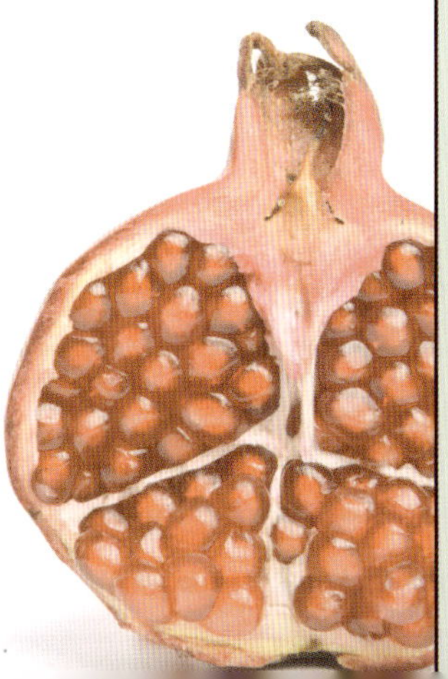

DUNKLES TOFFEE-KONFEKT

Nachdem ich die USA verlassen hatte, musste ich feststellen, dass der volle Geschmack von dunklem Toffee mit Sirup nur schwer zu finden war. Also musste ich einen Weg finden, das Konfekt zu Hause zuzubereiten. Dunkler Sirup verleiht einen Geschmack, der so vollmundig ist wie sein Name, und besitzt eine einzigartige Tiefe – etwas zwischen süß und scharf.

FÜR CA. 450 G

250 g dunkelbrauner Rohrzucker

60 ml Wasser

1 EL heller Rübensirup

3 EL Melasse (dunkelbrauner Zuckersirup)

7 EL Butter

evtl. Fett für das Blech

1 Eine Form (23 cm) fetten oder mit Alufolie bzw. einer Silikonauflage auslegen.

2 Alle Zutaten mit 60 ml Wasser in einen Topf geben und bei mittlerer Temperatur erwärmen. Dabei die ganze Zeit rühren, damit die Zutaten sich verbinden.

3 Ein Zuckerthermometer einhängen und das Ganze aufkochen. Kochen lassen, bis die Masse 150 °C erreicht. Darauf achten, dass Sie gleichmäßig rühren, damit nichts anbrennt. Das dauert etwa 15–20 Minuten. Zum Schluss sehr achtsam sein, denn die Temperatur steigt gegen Ende sehr schnell an.

4 Sind die 150 °C erreicht, den Topf vom Herd nehmen und die Masse in die vorbereitete Form gießen.

5 Einige Minuten abkühlen lassen, bis die Masse zu härten beginnt. Dann die Oberfläche einschneiden, damit es leichter wird, die Masse in Stücke zu brechen. Wenn sie komplett abgekühlt ist, kann man sie an den Markierungen durchbrechen.

6 Die abgekühlten Stücke luftdicht verpacken, denn Feuchtigkeit macht sie weich. So verpackt halten sie sich 3 Monate.

TIPP

Toffee und Kaubonbons verändern sich je nach Hitze. Aus einem Krokant-Toffee kann so schnell ein weicher dunkler Kaubonbon werden, wenn Sie den Topf zu einem falschen Zeitpunkt vom Herd ziehen.

MINZ-SCHOKO-FUDGE

Schoko-Fudge kann bisweilen schwer sein. Glücklicherweise durchbricht die frische Minze diese schwere Süße. Mit seiner samtweichen Textur und einem schwelgerischen Schmelz aus Minze und Schokolade ist dieses Fudge ein absolutes Luxus-Geschenk.

FÜR CA. 450 G

350 g dunkle Schoko-Chips

400 g gesüßte Kondensmilch

2 TL Vanilleessenz

175 g weiße Schoko-Chips oder fein gehackte Schokolade

1 EL Pfefferminzessenz

evtl. Fett und Mehl für dic Form

1 Eine Form (20 cm) fetten und mit Mehl ausstreuen oder mit Backpapier bzw. einer Silikonauflage belegen.

2 Die dunkle Schokolade mit 240 ml Kondensmilch und der Vanilleessenz in einen Topf geben und bei schwacher Hitze schmelzen. Dann den Topf sofort vom Herd ziehen.

3 In einem zweiten Topf gleichzeitig die weiße Schokolade in der restlichen Kondensmilch mit Pfefferminzessenz schmelzen. Den Topf vom Herd nehmen, sobald die Schokolade geschmolzen ist. (Sie schmelzen die Schokolade in zwei Töpfen, weil sie unterschiedlich lange dafür benötigen.)

4 Die weiße Schokoladenmasse in die dunkle Schokoladenmasse rühren. Das Ganze in die vorbereitete Form geben.

5 Mindestens 4 Stunden oder über Nacht zum Festwerden in den Kühlschrank stellen. In Stücke schneiden und als Geschenk verpacken.

6 Luftdicht verpackt hält sich das Minz-Schoko-Fudge 3 Wochen.

TIPP

Noch besser sieht das Konfekt aus, wenn Sie es schichtweise zubereiten. Gießen Sie erst die dunkle Schokolade in die Form, ist sie fest, gießen Sie die weiße Schokolade darauf. Oder Sie rühren kurz vor dem Schmelzen etwas grüne Lebensmittelfarbe in die weiße Schoko-Masse und gießen diese über die dunkle Schokolade. Im Kühlschrank fest werden lassen.

WEISSES SCHOKO-FUDGE MIT BLAUBEEREN

Dieses Fudge begann eigentlich als Trüffel. Ich war damit beschäftigt, ein Konfekt aus weißer Schokolade zu entwickeln, als ich auf die Idee kam, eine Ganache mit saftigen getrockneten Blaubeeren zuzubereiten. Das schmeckte so lecker, dass alle größere Stücke wollten. Die Blaubeeren verleihen dem Fudge ein Sommeraroma, als Geschenk ist es jedoch jederzeit willkommen.

FÜR CA. 450 G

200 g feiner oder normaler Zucker

1 ½ EL Butter

¼ TL Salz

120 ml gesüßte Kondensmilch

1 TL Vanilleessenz

250 g gehackte weiße Schokolade

125 g getrocknete Blaubeeren

evtl. Fett für das Blech

1 Eine Backform (23 cm) fetten.

2 Den Zucker, die Butter, das Salz, die Kondensmilch und die Vanilleessenz in einen Topf geben. Bei mittlerer Hitze zum Kochen bringen, dabei langsam und gleichmäßig rühren. Sobald die Masse zu kochen beginnt, die Hitze verringern und 5 Minuten unter Rühren weiterköcheln lassen.

3 Den Topf vom Herd nehmen und die Schokoladenstücke hinzufügen. Kurz ruhen lassen, bis die Schokolade zu schmelzen beginnt. Dann einige Male umrühren, damit die Zutaten sich gut verbinden. Zum Schluss die Blaubeeren einrühren.

4 Die Masse in die vorbereitete Form gießen und in den Kühlschrank stellen. Das Fudge benötigt mindestens 4 Stunden, um fest zu werden. Am besten über Nacht abkühlen lassen.

5 Zum Servieren in Stücke schneiden oder als Geschenk verpacken. Luftdicht verpackt hält es sich 3 Wochen, eingefroren 3 Monate. Achten Sie darauf, dass es nicht feucht wird und die Temperatur keinen größeren Schwankungen unterliegt.

TIPP

Probieren Sie das Rezept mit anderen Trockenfrüchten, z. B. Cranberrys oder Kirschen.

MINZ-SAHNE-TALER

Dieses verführerische Konfekt ist überraschend leicht zuzubereiten. Doch jeder, der es als Geschenk erhält, wird glauben, dass ein Engel in der Küche am Werk war. Die Kombination aus frischer Minze mit dunkler, fast bitterer Schokolade ist einfach himmlisch. Wer hineinbeißt, glaubt sich an das warme Kaminfeuer eines alpinen Winterortes versetzt, auch wenn er noch nie einen Fuß in Schnee gesetzt hat.

FÜR CA. 48 STÜCK (CA. 2 CM)

180 ml gesüßte Kondensmilch

1 ½ TL Pfefferminzessenz

495 g Puderzucker (500 g, reduziert um 1 EL)

ca. 175 g geschmolzene dunkle Schokolade für die Glasur

1 Die Kondensmilch, die Pfefferminzessenz und den Puderzucker in einer großen Schüssel mischen. Daraus entsteht ein klebriger Teig, der mit den Händen etwas durchgearbeitet werden muss, bis er glatt und fest ist. Je nach Konsistenz etwas mehr Kondensmilch oder Zucker unterarbeiten. Der Teig sollte nicht mehr klebrig sein.

2 Mit einer Teigrolle den Teig etwa 5mm bis 1 cm dick auf einer mit Zucker bestäubten Arbeitsfläche ausrollen (damit der Teig nicht festklebt, die Rolle mit Zucker bestreuen). Die Formen ausstechen, die Sie möchten. Das können z.B. Quadrate sein oder einfache Kreise.

3 Auf beschichtete Backbleche zum Trocknen legen. Das dauert von jeder Seite einige Stunden. Insgesamt kann es bis zu 12 Stunden dauern.

4 Sobald sie trocken sind, die geschmolzene Schokolade in eine Schüssel geben. Einen Taler hineinwerfen, mit einer Gabel oder einem Löffel herausholen. Auf das Backblech legen und die restlichen Taler ebenso überziehen.

5 Im Kühlschrank fest werden lassen. Das dauert ca. 2 Stunden.

6 In eine Geschenkschachtel legen. Luftdicht verpackt hält sich das Konfekt 2 Wochen.

TIPP

Das Rezept ist so einfach, dass es leicht mit anderen Aromen abzuwandeln ist. Probieren Sie statt Pfefferminze z. B. Kirsch- oder Orangenessenz.

KAPITEL 5

Eingelegtes & Gelees

Eines der am besten gehüteten Küchengeheimnisse ist, dass Marmeladen, Gelees und Konfitüren ganz leicht zuzubereiten sind. Bereiten Sie auf die Schnelle einzigartige Wunderwerke zu und beeindrucken Sie damit Ihre Lieben.

APFELBUTTER

Fruchtbutter zuzubereiten ist praktisch, wenn die Obsternte groß ist. Sie können sicher sein, dass ein gesunder, köstlich schmeckender Aufstrich Sie an den kühlen Herbsttagen begleitet. Lassen Sie sich nicht vom Namen irritieren – Butter ist nicht darin. Der Name leitet sich von seiner dicken, gut streichbaren Textur ab. Mein Großvater liebte diesen Aufstrich, vor allem auf dicken Scheiben Butterbrot.

1 Die Äpfel waschen, entkernen und in grobe Stücke schneiden. Nicht schälen.

2 Die Äpfel mit Wasser oder Saft in den Schongarer geben. Sie brauchen nur so viel Flüssigkeit, dass die Äpfel während des Garens feucht bleiben. Zugedeckt bei schwacher Hitze 12 Stunden oder über Nacht köcheln lassen.

3 Soll der Aufstrich rustikal sein, die gekochten Äpfel grob pürieren; alternativ in eine Flotte Lotte geben und die Kurbel drehen, bis die Schale vollständig entfernt wurde.

4 Die Apfelbutter süßen und würzen – pro 275 g Äpfel rechnet man grob 200 g Zucker, 1 TL gemahlenen Zimt und jeweils ½ TL gemahlene Nelken und gemahlenen Piment. Das hängt aber sehr vom Geschmack ab.

5 Die Hitze auf höchste Stufe stellen und das Ganze weitere 4–6 Stunden köcheln (die letzten 2–3 Stunden ohne Deckel). Dann sollte der Aufstrich so dick sein, dass er auf dem Löffel bleibt, wenn man diesen umdreht.

6 In sterilisierte Gläser füllen und luftdicht verschließen (siehe Seite 14). Nicht sterile Gläser halten sich im Kühlschrank 3 Wochen, die sterilen und luftdicht verschlossenen halten sich ungeöffnet 1 Jahr.

TIPP

Das Rezept lässt sich leicht an niedrigere oder höhere Mengen anpassen, solange das Verhältnis der Zutaten zueinander stimmt.

FÜR CA. 1–1,5 L

10–15 süße Äpfel (die Anzahl hängt von der Größe der Äpfel und von der des Schongarers ab; nehmen Sie so viele Äpfel, dass sie noch gut in den Topf passen)

120–240 ml Wasser oder Apfelsaft

200–600 g Zucker

gemahlener Zimt

gemahlene Nelken

gemahlener Piment

APFEL-CHILI-GELEE

Der Reiz dieses Gelees rührt von dem Hauch des warmen Chili-Aromas, das mit der süßen Leichtigkeit der Äpfel gepaart wird. Das Gelee schmeckt auf dem Frühstücks-Toast ebenso gut wie zu einem herzhaften Käse.

FÜR CA. 1,5 L

1 ½ –1 ¾ l reiner Apfelsaft

2 Beutel Apfelpektin (Gelfix)

1 ½ kg Zucker (diese Menge kann zum Teil durch Süßstoff ersetzt werden, dann mehr Pektin nehmen)

3–5 fein gehackte rote Chilis

1 Den Apfelsaft in einen großen Topf gießen. Das Pektin mit 50 g Zucker mischen, zum Saft geben und aufkochen.

2 Kocht der Saft, den restlichen Zucker unterrühren. Weitere 2–3 Minuten kochen lassen.

3 Die gehackten Chilis einrühren und den Saft in sterilisierte Gläser füllen (siehe Seite 14).

4 Die Gläser nach 5 Minuten auf den Kopf stellen, damit sich die Chilistücke nicht am Boden sammeln. So können sie sich verteilen. Ist das Gelee fest, hält es sich mehrere Wochen im Kühlschrank. Luftdicht verschlossen kann es in sterilisierten Gläsern mehrere Monate aufbewahrt werden.

TIPP

Reiner Fruchtsaft ist praktisch, wenn man schnell ein Gelee kochen will. Das Verarbeiten der Früchte entfällt. Achten Sie darauf, dass Sie genügend Pektin hinzufügen, das in reifen Früchten natürlich vorhanden ist.

GRANATAPFEL-KONFITÜRE

Bei gesundheitsbewussten Menschen schlägt das Herz beim Anblick der rubinroten Granatapfelkerne höher. Nicht nur ihre Inhaltsstoffe beeindrucken, ihr köstliches Aroma ruft all die Geheimnisse der griechischen Mythologie und die Geschichte ferner Länder in Erinnerung.

FÜR CA. 1,5 L

1 l reiner Granatapfelsaft

400 g Zucker

2 Beutel Apfelpektin (Gelfix)

120 ml Granatapfelsirup

1 Den Saft in einen Topf geben und aufkochen. Den Zucker und das Pektin einrühren. Weitere 2 Minuten kochen lassen.

2 Den Granatapfelsirup zugeben und den Topf vom Herd nehmen.

3 Ggf. den Schaum abnehmen und in die vorbereiteten Gläser füllen (siehe Seite 14). In sterilisierten Gläsern hält sich die Konfitüre an einem kühlen Ort 2 Jahre. Bei Gläsern, die länger als 1 Monat stehen, stets prüfen, ob der Deckel in Ordnung ist oder die Versiegelung gelitten hat.

ABWANDLUNG

Ersetzen Sie 240 ml Saft durch den Saft und die Kerne von 2–3 frischen Granatäpfeln und probieren Sie die Konfitüre zu Geflügel (statt Cranberrysauce)

TIPP

Säuerlicher wird die Konfitüre, wenn Sie nur 200 g Zucker und Gelatinepulver statt Apfelpektin verwenden.

CRANBERRY-ORANGEN-MARMELADE

Cranberrys und Orangen beschwören selbst an kalten Wintertagen die Wärme des Sommers herauf. Werden beide Aromen kombiniert, entsteht eine süß-saure Marmelade, die herrlich zu Lebkuchen, Früchtekuchen und all den anderen Köstlichkeiten des Winters passt. Diese Marmelade ist als Geschenk ebenso willkommen wie ein warmer Wollschal und Fäustlinge an einem kalten Wintermorgen.

FÜR CA. 1–1,5 L

480 ml Wasser (bei ganzen Orangen) oder 120 ml (wenn Marmelade verwendet wird)

600 g Zucker (bei ganzen Orangen) oder 200 g (bei Marmelade)

1 TL gemahlene Nelken

125 g TK- oder getrocknete Cranberrys

6 ganze Bio-Orangen oder 1 kg selbstgemachte Orangenmarmelade

120 ml Orangenlikör (nach Belieben)

Orangenschale (wenn Marmelade verwendet wird)

1 120 ml Wasser mit 200 g Zucker und Nelken aufkochen, bis der Zucker sich aufgelöst hat. Die Cranberrys zugeben und ca. 30 Minuten köcheln lassen, bis sie weich und größer geworden sind. Sie dürfen nicht zerfallen. Den Topf vom Herd nehmen und beiseite stellen.

2 Für die Marmelade (wenn Sie keine fertige verwenden): Die Orangen schälen und in Segmente teilen, die Schale von 3 Orangen aufbewahren. Achten Sie darauf, dass die weiße bittere Haut unter der Schale vollständig entfernt wird, sie macht die Marmelade bitter. Die Orangenstücke mit 360 ml Wasser und 400 g Zucker in einem Topf aufkochen. Nach Belieben Likör hinzufügen und das Ganze 20–25 Minuten kochen, bis eine Temperatur von 110 °C erreicht ist.

3 Wenn fertige Marmelade verwendet wird: Die Marmelade, die Orangenschale und den Likör nach Belieben in einen Topf geben und zum Kochen bringen. Das Ganze 20–25 Minuten kochen, bis eine Temperatur von 110 °C erreicht ist.

4 Die Cranberrys aus der Flüssigkeit nehmen und mit der Marmelade mischen. Erneut aufkochen und dann sanft köcheln lassen. 5 Minuten köcheln, dann in die vorbereiteten Gläser füllen (siehe Seite 14). In sterilisierten Gläsern hält sich die Marmelade an einem kühlen Ort bis zu 2 Jahre.

LEMON CURD

Herber, pikanter Lemon Curd ist ein herrlich gaumenreinigendes Dessert. Verschenken Sie ein Glas, damit der Empfänger seine eigene Zitronenbaiser-Pie oder kleine Tartes backen kann. Lemon Curd schmeckt aber auch auf Toast oder direkt aus dem Glas gelöffelt. Er ist so vielseitig, dass die Gläser sicher nicht lange herumstehen werden.

1 Die Eier leicht verschlagen.

2 Alle Zutaten und die Eiermasse in einen Topf geben und gründlich umrühren. Die Zitronenschale und den -saft zum Schluss untermengen.

3 Das Ganze bei mittlerer Temperatur erhitzen, so lange rühren, bis die Masse eindickt und glasig wird. Das dauert meist zwischen 7 und 9 Minuten.

4 Bei schwacher Hitze den Lemon Curd weiter eindicken lassen, d. h. 1–2 Minuten weiterrühren.

5 In saubere Gläser füllen. Wurden die Gläser sterilisiert, hält sich der Lemon Curd 1 Monat (siehe Seite 14). Geöffnete Gläser im Kühlschrank aufbewahren.

FÜR CA. 1 L

4 große Eier

280 g feiner oder normaler Zucker bzw. hellbrauner Zucker

225 g Butter (Zimmertemperatur)

1 EL Maisstärke

Schale und Saft von 4 großen Bio-Zitronen (beim Abreiben der Schale darauf achten, dass die bittere weiße Haut nicht mit abgerieben wird)

TIPP

Wenn man alle Zutaten von Anfang an in einem Topf mischt – und sogar die Zitronen darüber reibt –, spart man viel Zeit und Arbeit.

KIWI-LIMETTEN-MARMELADE

Kiwis und Limetten liefern uns Sommeraroma pur. Wer denkt da nicht an Ferien am Meer mit erfrischen Drinks und einer Limetten-Pie? Ein herrliches Geschenk für die Sommermonate, weil sie so gut zu den Mahlzeiten im Freien passt. Aber auch für den Winter ist sie ein tolles Mitbringsel, denn sie erinnert unweigerlich daran, dass die Sonne noch existiert. Keine Frage: Darüber freut man sich.

FÜR CA. 1 L

10 reife Kiwis, geschält und grob gehackt

200 g Zucker

Fruchtfleisch, Saft und Schale von 1 Bio-Limette

1. Die gehackten Kiwis mit dem Zucker in einen Topf geben und bei schwacher Hitze rühren, bis der Zucker sich vollständig aufgelöst hat.

2. Den Limettensaft, das Fruchtfleisch und die Schale zugeben und zum Kochen bringen. Das Ganze 10 Minuten kochen, bis die Masse eindickt. Es ist wichtig, die ganze Zeit zu rühren, damit nichts ansetzt.

3. Die Marmelade in die vorbereiteten Gläser (siehe Seite 14) füllen. Die sterilisierten Gläser halten sich an einem dunklen, kühlen Ort 2 Jahre. Bevor Sie ein Glas essen, das länger als einen Monat steht, sollten Sie prüfen, ob der Deckel dicht ist.

TIPP

Das Rezept geht noch leichter von der Hand, wenn Sie die Mikrowelle benutzen. Alle Zutaten mischen und 5 oder 6 Minuten in der Mikrowelle erhitzen. Anschließend gut durchrühren, wieder in die Mikrowelle stellen und weitere 5–6 Minuten erhitzen. Warten, bis die Masse Zimmertemperatur hat (dann dickt sie ein).

ERDBEER-JOHANNIS-BEER-KONFITÜRE

Erdbeerkonfitüre gehört auf jeden Frühstückstisch, denn es gibt wohl weltweit kaum jemanden, der vom Sommeraroma der Beeren nicht begeistert wäre. Verfeinert man die Süße der Erdbeeren mit der Säure roter Johannisbeeren, entsteht ein neues spannendes Genusserlebnis. Das Ergebnis wird auf jedem Tisch willkommen sein.

1 Alle Zutaten in einen großen Topf geben und gut umrühren. Bei schwacher Temperatur unter Rühren erhitzen, bis der Zucker sich aufgelöst hat.

2 Bei höherer Hitze das Ganze zum Kochen bringen. So lange kochen, bis der Gelierpunkt erreicht ist (ca. bei 110 °C). Das dauert etwa 20–25 Minuten. Während des Kochens nicht rühren, die Konfitüre vom Rand des Topfes mit einem Backpinsel nach unten streichen.

3 Hat die Masse die entsprechende Temperatur erreicht, den Topf vom Herd ziehen und das Ganze gründlich durchrühren, damit auch am Boden haftende Beeren sich lösen. In die vorbereiteten Gläser (siehe Seite 14) füllen. Sterilisierte Gläser halten sich an einem dunklen, kühlen Ort 2 Jahre. Bevor Sie ein Glas essen, das länger als einen Monat steht, sollten Sie prüfen, ob der Deckel dicht ist.

FÜR CA. 1–1,5 L

750 g gewaschene, entstielte und grob gehackte Erdbeeren

750 g gewaschene rote Johannisbeeren, von den Rispen gestreift

1 ½ kg feiner oder normaler Zucker

Saft von 1 Zitrone

TIPP

Einige Leute schwören darauf, dass das vorherige Anwärmen des Zuckers Einfluss auf die Qualität hat. Dafür den Zucker in eine Backform geben und im Backofen bei mäßiger Hitze 5 Minuten erwärmen.

KAPITEL 6

Aufstriche & Chutneys

Wer es lieber pikant mag, dem werden die folgenden Rezepte gut munden. Klassische Chutneys und köstliche Dips gehören zu jedem Sommerpicknick. Überraschen Sie Ihre Gäste mit tollen Aromen.

GRÜNES TOMATEN-CHUTNEY

Wer noch niemals ein Gericht mit grünen Tomaten gegessen hat, wird sich wundern, wie köstlich dieses Chutney schmeckt. Grüne Tomaten schmecken so herrlich sauer, dass man es kaum beschreiben, geschweige denn je vergessen kann. Wenn Sie viele Tomaten haben, die einfach nicht reif werden wollen, werfen Sie sie auf gar keinen Fall weg! Bereiten Sie stattdessen dieses Chutney zu.

1 Am Abend zuvor die Tomaten und die Zwiebel in eine große Schüssel legen. 4 TL Salz untermischen. Mit einem Teller abdecken und über Nacht stehen lassen. Das macht die Tomaten süß und verringert die Wassermenge. (Ich habe meine 24 Stunden stehen lassen und zwischendurch einmal abgegossen, zum einen war ich faul, zum anderen wollte ich mehr Süße.) Kurz vor dem Kochen abgießen, aber nicht abspülen. Beiseite stellen.

2 Den Essig in einen großen Topf gießen und zum Kochen bringen. Den braunen Zucker einrühren und den Essig erneut aufkochen lassen. Sultaninen zugeben und ein weiteres Mal zum Kochen bringen.

3 Kocht das Ganze das dritte Mal, die Tomaten und die Zwiebel zugeben und erneut aufkochen. Kräftig rühren und weiterkochen lassen.

4 Das Chutney einige Stunden köcheln lassen, sobald es eindickt, ab und zu umrühren. Mit Salz abschmecken.

5 Ist das Chutney goldbraun, aber zu flüssig, etwas von der Flüssigkeit abnehmen. (Ich bewahre das auf, um daraus eine Sauce zuzubereiten.) Köcheln lassen, bis das Chutney richtig dick geworden ist. Wenn es fertig ist, sollten Sie es mit einem Löffel trennen können, ohne dass es zurückfließt.

6 In sterilisierte Gläser füllen und mit Deckeln verschließen. Geschlossen halten sich die Gläser an einem dunklen, kühlen Ort monatelang. Geöffnete Gläser müssen im Kühlschrank aufbewahrt werden.

TIPP

Dieses Chutney schreit geradezu nach einem rustikalen Brot und einem pikanten Käse – es schmeckt wirklich hervorragend dazu oder auch zu Burgern.

FÜR CA. 1,5 L

2–2 ½ kg grüne Tomaten, grob gehackt

½ –1 Zwiebel, in feinen Scheiben

10 TL Salz

1 l Apfelessig

550 g brauner Zucker

250 g Sultaninen, grob gehackt

TIPP

Ein tolles Rezept, um hart gewordene Klumpen von braunem Zucker zu verwerten.

CHUTNEY AUS ROTEN PAPRIKA

Wer rustikales, schmackhaftes Essen liebt, wird sich über dieses Chutney freuen. Die gerösteten roten Paprika sind stückig und süß und schmecken mit herzhaftem Käse – serviert zu einem deftigen Landbrot. Jeder, der es herzhaft mag, wird ihm verfallen.

FÜR CA. 550 G

3 rote Paprika

2 Frühlingszwiebeln, gehackt

2 EL Olivenöl

2–3 Knoblauchzehen, zerdrückt

Salz, frisch gemahlener schwarzer Pfeffer und Cayennepfeffer zum Abschmecken

1 EL Apfelessig

1 Die roten Paprika so lange unter den Backofengrill legen, bis die Haut Blasen wirft, wenden und die andere Seite rösten. Aus dem Ofen nehmen. Wenn Sie die Haut entfernen möchten, die Paprika in einen Gefrierbeutel legen und abkühlen lassen. Von den abgekühlten Schoten die Haut abziehen.

2 Die Paprika entstielen und entkernen. Das Fruchtfleisch grob hacken und in das Rührgefäß einer Küchenmaschine legen.

3 In der Zwischenzeit die Frühlingszwiebeln im Olivenöl in einer Pfanne bräunen, den Knoblauch unterrühren und abschmecken.

4 Den Pfanneninhalt mit dem Essig in die Küchenmaschine geben und das Ganze zur gewünschten Konsistenz verarbeiten. Mit Salz, Pfeffer und Cayennepfeffer abschmecken.

5 Das Chutney in sterilisierte Gläser füllen und mit Deckeln verschließen. Geschlossen halten sich die Gläser an einem dunklen, kühlen Ort monatelang. Geöffnete Gläser müssen im Kühlschrank aufbewahrt werden.

TIPP

Oft wird empfohlen, die Paprikaschoten zu häuten. Lassen Sie bei diesem Chutney die Haut einfach mal dran. Die herben Hautstücke verleihen dem Ganzen ein feines Raucharoma.

AUBERGINEN-KONFITÜRE

Das Gute an der Auberginen-Konfitüre ist, dass sie zu vielen Gerichten passt. Insofern können Sie auch die unterschiedlichsten Leute damit beglücken. Sie schmeckt zu einer einfachen Scheibe Brot mit Käse, aber genauso gut zu einem Curry. Damit beeindrucken Sie selbst einen Feinschmecker, der sonst alles selbst zubereitet.

1 Den Backofen auf 200 °C vorheizen.

2 Alle Zutaten bis auf die Hühnerbrühe in eine große Bratform geben. Gut mischen. Die Form in den Ofen stellen und 60–90 Minuten garen, bis die Flüssigkeit vollkommen verdunstet ist. Die Auberginen sollten dann gebräunt sein und zum Teil schon am Boden kleben.

3 Mit einem Pfannenwender durchrühren und festgebackene Auberginenstücke lösen. Die Hälfte der Hühnerbrühe zugießen und weitere 20–30 Minuten garen, bis die Flüssigkeit verdunstet ist.

4 Den Boden erneut abschaben und die restliche Brühe zugießen. 20 weitere Minuten in den Ofen stellen. Die Auberginen sind jetzt vollständig braun und kleben zusammen.

5 Die Masse in sterilisierte Gläser füllen und die Deckel aufschrauben. Verschlossene Gläser halten sich Monate, geöffnete sollten im Kühlschrank aufbewahrt werden.

TIPP

Die Aprikosen geben dem Ganzen eine süßliche Note, deshalb schmeckt die Konfitüre auch als Beilage zu scharfen Gerichten.

FÜR CA. 500 G

4 mittelgroße Auberginen, ungeschält, in 1 cm großen Würfeln

3–4 Knoblauchzehen, geschält, zerdrückt

3 EL frisch geriebener Ingwer

100 g brauner Zucker

1 TL gemahlener Zimt

60 ml Rotweinessig

1 EL Öl

1 EL Sojasauce

40 g getrocknete Aprikosen, entsteint, gehackt

240 ml Hühnerbrühe

PIKANTER KÜRBIS-AUFSTRICH

Für jeden, der Kürbiskuchen mag, wird dieser herzhafte Aufstrich die Offenbarung sein. Genau das richtige Geschenk für einen Menschen, der ein wenig anders als andere ist. Der Geschmack ist ungewöhnlich, wird aber begeistern.

FÜR CA. 900 G

1 Kürbis

230 g Frischkäse

1 EL Nährhefe

½ TL gerebelte Petersilie

¼ TL Senfpulver

¼ TL Knoblauchpulver

grobes Salz und zerdrückte schwarze Pfefferkörner zum Abschmecken

1 Den Backofen auf 180 °C vorheizen.

2 Den Kürbis aufschneiden und die Kerne und Fasern entfernen. (Die Kerne zum Rösten beiseite legen. Einfach mit etwas Salz und Pfeffer und etwas Öl mischen und schon haben Sie einen köstlichen Snack.)

3 Den Kürbis mit der Schale nach oben in eine gefettete Kasserolle oder eine mit Folie ausgelegte Form legen. Schneiden Sie den Kürbis so, dass die Stücke gut hineinpassen.

4 1 Stunde im Ofen garen bzw. so lange, bis das Kürbisfleisch weich ist. Sie sollten mit einer Gabel mühelos hineinstecken können.

5 Den Kürbis etwas abkühlen lassen. Dann schälen und das Fruchtfleisch in einer Küchenmaschine glatt pürieren.

6 Alle Zutaten vermengen und abschmecken.

7 In Geschenkgläser füllen. Der Kürbisaufstrich muss im Kühlschrank aufbewahrt und innerhalb 1 Woche aufgegessen werden.

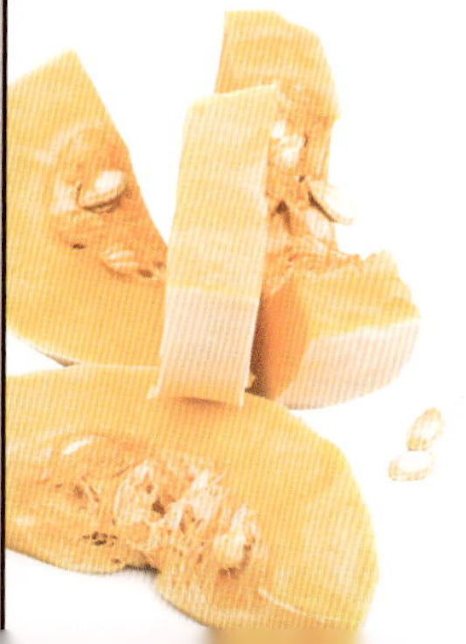

TIPP

Je nachdem, wofür Sie den Aufstrich verwenden wollen, können Sie ihn auch mit ein wenig Wasser verdünnen.

ARTISCHOCKEN-SPINAT-AUFSTRICH

Vor Jahren habe ich in einem Restaurant einen scharfen Artischocken-Spinat-Dip zu knusprigem Brot gegessen. Schon beim ersten Bissen war ich begeistert und wusste sofort: Das ist ein Mitbringsel für jemanden, der es würzig und cremig zugleich mag. Dieses Rezept ist ideal als Geschenk zum Einzug, besonders, wenn Sie dazu ein selbstgebackenes Brot mitbringen.

FÜR CA. 900 G

230 g weicher Frischkäse

60 g saure Sahne

4 EL geriebener Parmesan-Käse

4 EL geriebener Pecorino-Käse

4 EL gehackter Mozzarella-Käse

2–3 Knoblauchzehen, geschält, zerdrückt

Salz und Pfeffer

400 g Artischockenherzen (Dose), abgetropft, gehackt

45 g gehackter TK-Blattspinat

1 Alle Zutaten in einer Rührschüssel mischen. Die Masse in eine kleine gefettete Auflaufform geben und verstreichen.

2 Den Backofen auf 180 °C vorheizen. Den Aufstrich 25–30 Minuten darin backen, bis die Oberfläche bräunlich wird und Bläschen wirft. Luftdicht verpackt hält er sich 1 Woche.

TIPP

Wer Spinat mag, gibt mehr hinzu. Das Rezept gelingt auch mit mehr oder weniger Spinat. Es hängt ganz einfach von Ihrem Geschmack ab.

KNOBLAUCH-AUFSTRICH MIT MANDELN

Es gibt viele klassische Aufstriche, bei denen wir wissen, was uns erwartet. Dieser ist anders. Der Knoblauch wird geröstet, so kann er eine tiefe Süße entfalten, die seinen Geschmack mildert. Die gerösteten Mandeln dagegen liefern eine warme Salzigkeit. Zusammen entsteht eine cremige, leicht süßliche Mischung. Ein Mitbringsel für Personen, die ihre Mahlzeiten gern subtil verfeinern.

FÜR CA. 450 G

16 Knoblauchzehen, geschält

4 EL Olivenöl

4 EL nicht blanchierte Mandeln (oder Nüsse), gehackt

230 g Frischkäse (Zimmertemperatur)

60 g saure Sahne

2 TL Senf

1 TL Sojasauce

2 EL gehackte Petersilie

1 kleine Zwiebel, gehackt

¼ TL scharfe Sauce (nach Belieben)

1 Den Backofen auf 140 °C vorheizen.

2 Die Knoblauchzehen mit dem Öl beträufeln und in eine Bratform legen. 30 Minuten im Backofen rösten, bis sie eine goldgelbe Farbe haben. Herausnehmen und vollständig abkühlen lassen.

3 In der Zwischenzeit die Mandeln in einer trockenen Pfanne goldbraun rösten. Abkühlen lassen.

4 Sind Knoblauch und Mandeln abgekühlt, mit den anderen Zutaten in eine Küchenmaschine geben und zur gewünschten Konsistenz verarbeiten.

5 In Geschenkgläser füllen. In den Kühlschrank stellen und auch kalt servieren. Der Aufstrich sollte innerhalb 1 Woche aufgegessen werden.

TIPP

Probieren Sie dieses Rezept auch mit anderen Nüssen und erleben Sie selbst, wie sehr jede Sorte das Aroma und die Textur verändert. Pekannüsse schmecken in diesem Aufstrich besonders lecker.

TOMATEN-WALNUSS-PESTO

Kennen Sie jemanden, der gern kocht? Dann kennen Sie jemanden, dem Sie diesen würzigen Pesto schenken können. Vielseitig wie ein traditioneller Pesto, schmeckt er sowohl auf Brot und Kräckern als auch in Suppen gerührt oder mit Pasta vermischt. Was ihn jedoch einzigartig macht, ist die unvergleichliche Fülle der Tomaten, die mit der Süße der Walnüsse kombiniert wird.

FÜR 350–450 G

1–2 große Knoblauchzehen, geschält

50 g frische Basilikumblätter

50 g frisch geriebener Parmesan-Käse

50 g leicht geröstete, gehackte Walnüsse

2 EL Wasser

60 g sonnengereifte, getrocknete Tomaten, abgetropft, gehackt

½ TL grobes Salz

¼ TL frisch gemahlener schwarzer Pfeffer

80 ml extra natives Olivenöl

1 Alle Zutaten bis auf das Olivenöl in einer Küchenmaschine vermengen.

2 Das Olivenöl darüberträufeln und weiter verarbeiten, bis das Ganze die gewünschte Konsistenz hat.

3 In sterilisierte Gläser füllen und die Deckel aufschrauben. An einem kühlen, dunklen Ort hält sich der Pesto bis zu 1 Jahr. Bevor Sie ein Glas essen, das länger als einen Monat steht, sollten Sie prüfen, ob der Deckel dicht ist.

TIPP

Probieren Sie das Rezept auch mit anderen Nusssorten. Mildere Sorten wie Pinienkerne, Cashews und Macadamia geben dem Pesto ein ganz anderes Aroma und lassen es mit den unterschiedlichsten Gerichten harmonieren.

KAPITEL 7

Öl, Essig & Saucen

Jedes Küchenregal profitiert davon, wenn einige der folgenden Köstlichkeiten darauf stehen. Wer würde sich nicht über ein so tolles Mitbringsel freuen? Schön anzusehen, einfach zuzubereiten und überaus geschmackvoll – und natürlich ein wahrer Genuss.

CHILI-ÖL MIT SCHWARZEM PFEFFER

Öle zu aromatisieren, macht keine Mühe. Umso mehr beeindrucken sie, wenn Sie diese verschenken. In einer hübsch dekorierten Flasche macht es etwas her. Als einfache Dip-Sauce zu rustikalem Brot ist dieses Öl eine würzig-pfeffrige Köstlichkeit. Lassen Sie den Beschenkten wissen, dass man damit auch kochen kann.

FÜR CA. 700 ML

600 ml natives Olivenöl (oder Rapsöl)

3–4 frische scharfe Chilis

2–3 TL getrocknete Chiliflocken

1 TL Pfefferkörner (zum Teil im Mörser zerdrückt)

1 Lorbeerblatt (nach Belieben)

1 Die Flasche oder das Glas säubern und sterilisieren.

2 Mit einem Küchentrichter das Öl eingießen.

3 Die frischen Chilis hacken und zum Öl geben. Die restlichen Gewürze hinzufügen.

4 Die Flasche verschließen und das Ganze mindestens 3 Wochen ruhen lassen. Oder mit dem Hinweis verschenken, dass das Öl noch ziehen muss. Damit die Aromen sich gleichmäßig verteilen, sollte die Flasche in dieser Zeit des Öfteren gewendet werden. Sie sollte weder Sonnenlicht noch extremen Temperaturen ausgesetzt sein. An einem kühlen, dunklen Ort hält sich das Öl in der sterilisierten Flasche bis zu 3 Monate.

TIPP

Auf diese Weise können Sie auch andere Würzöle zubereiten. Kombinieren Sie doch einmal Rapsöl mit Muskatnuss, ganzen Nelken und einer Prise Cayennepfeffer. Ein feines, wärmendes Öl für den Herbst.

OLIVENÖL MIT THYMIAN

Frische Kräuter und Olivenöl zusammen in einer Flasche – einfach göttlich! Auch wenn in diesem Rezept Thymian verwendet wird, lässt sich das Öl leicht abwandeln. Nehmen Sie einfach die Lieblingskräuter desjenigen, dem Sie eine Freude machen wollen. So haben Sie stets ein einzigartiges und persönliches Präsent. Über ein Stück Landbrot geträufelt schmeckt es fantastisch. Natürlich können Sie damit auch kochen. Verschenken Sie dieses Thymianöl an Pasta-Fans und Sie werden in deren Achtung steigen.

FÜR CA. 700 ML

150 g frische Thymianblätter

2 TL gerebelte Thymianblätter

480 ml Olivenöl (oder Rapsöl)

Thymianzweige zum Garnieren

ABWANDLUNGEN

Das Öl lässt sich mit allen frischen Kräutern zubereiten, z. B. Basilikum, Rosmarin, Kerbel, Schnittlauch, Koriander und Minze. Estragon sollte sehr jung und frisch sein, sonst schmeckt er bitter. Pro 480 ml Öl benötigen Sie ca. 150 g frische Kräuter. Wenn Sie einen stärkeren Kräutergeschmack wünschen, verwenden Sie mehr Kräuter.

1 Den frischen Thymian grob hacken. Etwas Salzwasser in einen Topf geben und aufkochen. Den Thymian darin 5 Sekunden blanchieren, dann sofort in Eiswasser legen.

2 Den blanchierten und den getrockneten Thymian sofort in die sterilisierte Flasche oder das Glas geben.

3 Das Öl mithilfe eines Küchentrichters hinzugießen und die Flasche oder das Glas verschließen. Mindestens 2 Wochen ziehen lassen. Nicht dem Sonnenlicht und keinen extremen Temperaturen aussetzen. In dieser Zeit die Flasche ab und zu wenden, damit die Kräuter sich besser verteilen und das Öl gleichmäßig aromatisiert wird.

4 Verschenken Sie es mit einem leckeren Brot zum Dippen und garnieren Sie die Flasche mit frischen Thymianzweigen. Dunkel und kühl gelagert hält es sich 3 Monate.

TIPP

Wenn Sie das Öl klar haben möchten, gießen Sie es durch ein feines Sieb oder ein mit einem Baumwolltuch ausgelegtes Sieb. So haben Sie ein leuchtendgrünes Öl ohne Kräuterstücke.

KALAMATA-OLIVEN-TAPENADE

Wenn Sie schon mal schwarze Oliven aus dem Glas gegessen haben, deren Geschmack Sie enttäuschte, vergessen Sie es. Kalamata-Oliven sind tief schwarz und vollreif, und ihr unvergleichliches Aroma wird Sie überraschen. Für einen Olivenkenner ist diese Tapenade eine Offenbarung. Wenn Sie dazu ein leckeres Brot schenken, ist sie weg, bevor das Geschenkband entfernt ist.

FÜR CA. 550 G

175 g entsteinte Kalamata-Oliven

2–3 Knoblauchzehen, geschält, zerdrückt

1–2 EL Kapern

3 EL gehackte Petersilie

1 EL Zitronensaft

1–2 EL Olivenöl (ggf. etwas mehr)

½ TL Anchovispaste (nach Belieben)

frisch zerdrückte schwarze Pfefferkörner und grobes Salz zum Abschmecken

1 In einer Schüssel Oliven, Knoblauch, Kapern, Petersilie, Zitronensaft, 1 EL Olivenöl und Anchovispaste (nach Belieben) mischen. Mit Salz und Pfeffer abschmecken. Gut vermengen. 4 Stunden oder besser über Nacht abgedeckt durchziehen lassen.

2 In einer Küchenmaschine die Masse verarbeiten, bis die gewünschte Konsistenz erreicht ist. (Je länger, desto feiner wird die Paste.) Ggf. etwas mehr Olivenöl unterarbeiten, sollte sie zu dick sein.

3 Die Tapenade in ein hübsches Glas füllen.

4 Mit einem leckeren Brot oder Kräckern zum Dippen verschenken. Im Kühlschrank hält sich die Tapenade 2 Wochen.

TIPP

Diese Tapenade schmeckt auch mit anderen Oliven, probieren Sie doch einfach Ihre Lieblinge aus.

BROMBEER-MINZ-ESSIG

Diesem Essig nicht zu verfallen, ist unvorstellbar. Als ich damit begann, Essig zu aromatisieren, hätte man mich schwer davon überzeugen können, dass süße und minzige Aromen mit der Säure eines Essigs harmonieren. Mittlerweile weiß ich es besser – schon als ich diesen Essig das erste Mal über Salat träufelte, war ich hin und weg. Heute verschenke ich ihn gern an Freunde, die gutes Essen lieben.

FÜR CA. 480 ML

225 g gewaschene frische Minzeblätter

375 g verlesene Brombeeren (oder Himbeeren)

480 ml Essig

1 Die Minzeblätter in ein sterilisiertes Glas legen und mit einem Stößel oder Holzlöffel zerdrücken. Die Beeren hinzugeben und ebenfalls zerdrücken.

2 Den Essig zugießen, das Glas mit einem Deckel verschließen und das Ganze ziehen lassen. Frisch kann der Essig bereits nach einer Nacht verwendet werden. Einfach über Salat oder andere Gerichte geben und Beeren und Minze genießen.

3 Soll der Essig länger halten und keine festen Bestandteile enthalten, lassen Sie ihn ca. 2 Wochen ziehen (je länger er zieht, desto kräftiger wird er). Den Essig anschließend durch ein feines Sieb in ein sauberes Glas abseihen. Essig hält sich ewig. Wenn Sie die Beeren im Essig belassen, kann dieser irgendwann trüb werden.

TIPP

Diese Art, Essig zuzubereiten, lässt sich auf vielerlei Weise abwandeln. Mischen Sie einfach weiche Früchte und frische Kräuter. Erdbeeren und Basilikum etwa oder Pfirsiche und Minze eignen sich hervorragend für einen leichten Sommeressig.

GRANATAPFEL-KORIANDER-RELISH

Für alle, die in ihrer Küche gern zum Abenteurer werden, ist dies das passende Geschenk. Die geballte Ladung von Aromen wird Sie begeistern. Das Relish ist ein ausgezeichneter Begleiter zu Fleisch, vor allem zu Schweine- und Putenfleisch. Es kann kalt als Fleischmarinade oder warm als Beilage genutzt werden. Wie auch immer Sie es verwenden: Es schmeckt fantastisch.

1 Die Granatapfelkerne auslösen und den Saft auspressen und bereitstellen.

2 Das Olivenöl in einem Topf bei mittlerer Temperatur erwärmen. Die gehackte Zwiebel hinzufügen und hellgelb anbraten. Die Granatapfelkerne und den -saft, den Zitronensaft, den Sirup sowie Salz und Pfeffer zugeben. Einige Minuten erhitzen, bis die Flüssigkeit etwas reduziert und eingedickt ist. Den Topf vom Herd nehmen.

3 Den Koriander unterrühren und abkühlen lassen.

4 Das Relish zum Verschenken in ein Glas füllen. Im Kühlschrank hält es sich bis zu 1 Woche.

FÜR CA. 500 G

2 Granatäpfel

2 EL Olivenöl

½ kleine Zwiebel, gehackt

1 EL Zitronensaft

1 EL Granatapfelsirup

Salz und Pfeffer

90 g gehackter frischer Koriander

TIPP

Statt Koriander können Sie auch frische Minze verwenden. Das schmeckt herrlich zu Lamm.

TEUFELSSAUCE

Es gibt nur ganz wenige richtig scharfe Saucen, die so gut sind, dass Sie um mehr betteln. Das Geheimnis besteht darin, die Aromen derart zu bündeln, dass sie eine mild-süße Basis haben. Eine Basis, die Sie in trügerischer Sicherheit wiegt, bevor dann die Chilis ins Spiel kommen. Teufelssauce schenken Sie am besten jemandem, der glaubt, dass gutes Essen auf der Zunge brennen muss.

FÜR CA. 115 G

3 EL Erdbeer-Johannisbeer-Konfitüre (Seite 97) oder eine andere Konfitüre

1 EL brauner Zucker

2 EL Zitronensaft

1–2 EL scharfe Chilisauce

2 EL Tomatenmark

Salz und Pfeffer

1 Alle Zutaten in einen Topf geben und bei mittlerer Hitze erwärmen, bis die Masse kocht und der Zucker unter Rühren vollständig geschmolzen ist.

2 Den Topf vom Herd nehmen und den Inhalt abkühlen lassen, dann in ein schönes Glas gießen. Im Kühlschrank aufbewahrt, hält sich die Sauce verschlossen 2 Monate.

TIPP

Eine perfekte Sauce zum Dippen, aber auch als Marinade geeignet. Das süß-scharfe Aroma passt sehr gut zu Kalbfleisch.

SÜSS-SCHARFE BBQ-COLA-SAUCE

Auch wenn Männer und Frauen in der Küche meist Ähnliches zubereiten, ist die BBQ-Sauce scheinbar eine Männerdomäne und deshalb auch ein schönes Geschenk für einen Mann. Diese Sauce besticht sowohl durch Süße als auch durch Schärfe und schmeckt direkt aufs Fleisch geträufelt sehr gut, aber auch als Marinade für Grillfleisch. Wie auch immer: Bei Männern stößt sie garantiert auf Gegenliebe.

FÜR CA. 1 L

600 ml Cola (Sorte egal, aber keine Light-Version)

3–4 Knoblauchzehen, geschält und zur Paste zerdrückt

½ TL grobes Salz

340 g Ketchup

60 ml Apfel- oder Malzessig

2 EL Sojasauce (nach Belieben)

1 EL Chilipulver

1–2 TL scharfe Chilisauce

grob gemahlener schwarzer Pfeffer

2 EL Zitronensaft

1 Alle Zutaten bis auf den Zitronensaft in einen Topf geben und bei mittlerer Temperatur erhitzen. Aufkochen, dann so lange köcheln lassen, bis die Masse eindickt. Das dauert etwa 20–45 Minuten.

2 Den Topf vom Herd nehmen und den Zitronensaft einrühren. Abschmecken.

3 Die noch heiße Sauce in sterilisierte Gläser füllen. Mit Deckeln verschließen und als Geschenk verpacken. Im Kühlschrank halten sich die Gläser 2 Monate.

TIPP

Probieren Sie die Sauce mit einem anderen koffeinhaltigen Erfrischungsgetränk oder mit Malzbier.

KAPITEL 8

Herzhaftes & Pikantes

Sie haben es satt, als Gastgeschenk stets eine Flasche Wein oder Pralinen mitzubringen? Hier finden Sie die Erfüllung Ihrer vielen Stoßgebete. Jeder, der eine dieser Köstlichkeiten zur Einladung mitbringt, wird immer wieder gern gesehen sein.

KNOBLAUCH-KÄSE-KUGELN

Die Kombination kommt altmodisch daher, doch Knoblauch und Käse ist und bleibt ein Renner. Die Süße des braunen Zuckers harmoniert hervorragend mit Knoblauch und würzigem Käse – wie das geht, weiß keiner, aber so ist es nun mal. Ein tolles Mitbringsel, vor allem, wenn dazu Butterkräcker gereicht werden. Der Gastgeber wird sich freuen.

FÜR 2 KUGELN

1–2 Knoblauchzehen, zerdrückt

230 g weicher Frischkäse

175 g geriebener scharfer Cheddarkäse

Salz und Pfeffer

60 g weiche Butter

50 g brauner Zucker

4 EL gehackte Pekannüsse

1 Den Knoblauch, den Frischkäse, den Cheddar sowie Salz und Pfeffer vermengen. 2 Kugeln daraus formen und mindestens 1 Stunde in den Kühlschrank stellen.

2 In der Zwischenzeit die Butter und den braunen Zucker in einem Topf erhitzen, bis der Zucker sich aufgelöst hat. Das geht auf dem Herd oder in der Mikrowelle. Regelmäßig umrühren, damit eine homogene Masse entsteht. Auf Zimmertemperatur abkühlen lassen.

3 Die Zucker-Butter-Masse auf die Käsekugeln streichen bzw. die Kugeln darin rollen. Das dauert etwas, die abgetropfte Masse immer wieder daraufstreichen. Die Kugel sollte zum Schluss rundherum damit überzogen sein.

4 Die Kugeln mit Nüssen bestreuen oder die Kugeln darin wälzen. Die Hände können dabei etwas schmutzig werden.

5 Die Kugeln kalt stellen. Vor dem Servieren auf Zimmertemperatur erwärmen und Kräcker dazu reichen. Gut abgedeckt halten sich die Kugeln 1 Woche im Kühlschrank.

TIPP

Das Rezept kann auch mit anderen Käsesorten und Nüssen zubereitet werden. Ich gebe gern einen Teelöffel geräuchertes Paprikapulver dazu und rolle die Kugeln in Mandelblättern.

BREZELN ALTER SCHULE

Jeder, der schon mal eine zarte Brezel gegessen hat, weiß, dass sie sehr viel mehr ist als ein brotartiges Nahrungsmittel. Ihr geht der Ruf voraus, dass ihre Zubereitung kompliziert ist. Doch selbst Anfänger können diese Köstlichkeit backen.

FÜR 12 GROSSE BREZELN

1 Pck. Trockenhefe (7 g)

2 EL brauner Zucker

1 ⅛ TL Salz

340 g Weizenmehl, Type 405

120 g Weizenmehl, Type 1050

4 EL Backnatron

2 EL Zucker, mit 1 TL Zimtpulver gemischt (oder 2 EL zerlassene Butter, mit 2 EL Salz gemischt)

TIPP

Die Brezeln lassen sich gut einfrieren. Sie können sie also im Voraus zubereiten.

1 Die Hefe, den braunen Zucker und das Salz in 350 ml warmem Wasser verrühren. Beiseite stellen.

2 Beide Mehlsorten in eine große Schüssel sieben. Die Hefemischung zugeben und unterrühren. Das Ganze mit den Händen durcharbeiten, bis ein glatter und formbarer Teig entsteht.

3 Den Teig in eine große gefettete Schüssel legen (den Teig einmal wenden, damit beide Seiten mit etwas Fett überzogen sind) und an einem warmen Ort 1 Stunde gehen lassen.

4 Den Teig in 12 Stücke teilen. Auf bemehlter Arbeitsfläche jedes Stück zu einer langen, dünnen Rolle formen (die Rolle sollte bleistiftdünn sein, da das Gebäck beim Backen noch aufgeht). Lässt sich mit dem Teig schlecht arbeiten, jedes Stück erst einmal halb ausrollen, dann ruhen lassen und fortfahren. Jede Teigrolle zu einer Brezel formen.

5 1,75 l Wasser und das Backnatron in einen Topf geben und aufkochen. Nacheinander die Brezeln in das kochende Wasser legen. So lange köcheln, bis sie an der Oberfläche schwimmen. Dann herausnehmen und auf ein Backblech legen.

6 Danach die Brezeln weitere 15–20 Minuten ruhen lassen. Den Backofen auf 230 °C vorheizen.

7 Die Brezeln in 8–10 Minuten goldbraun backen.

8 Aus dem Ofen nehmen und sofort mit dem Zimtzucker bestreuen oder mit der Butter-Salz-Mischung bestreichen. Abkühlen lassen, dann locker in Pergament wickeln und in eine Geschenkschachtel legen. Luftdicht verpackt halten sie sich an einem dunklen Ort 1 Woche.

TIPP

Halten Sie sich genau an die Teiggehzeiten. Wenn der Teig nicht lange genug geht, werden Sie Schwierigkeiten haben, den Teig zu Brezeln zu formen.

WÜRZIG EINGELEGTE GURKEN

Eingelegte Gurken sind sehr beliebt und unglaublich schnell zuzubereiten. Planen Sie so, dass das Gastgeschenk sofort verzehrt werden kann. Ansonsten sagen Sie dem Gastgeber, dass er noch zwei Wochen warten muss, bevor die Gurken schmecken. Die eingelegten Gurken schmecken pur als Snack, in Scheiben geschnitten auf Brot oder in Salaten.

1 Mehrere Gläser sterilisieren.

2 Am Abend zuvor oder mindestens 4 Stunden vor dem Kochen die Gurken vorbereiten. Kleine Gurken können im Ganzen verwendet werden. Größere nach Belieben in Scheiben schneiden. Die Gurken und die Zwiebeln in eine große Schüssel legen und das Einmachsalz untermischen. Abgedeckt Wasser ziehen lassen.

3 Am nächsten Tag abgießen und die Gurken und die Zwiebeln abspülen.

4 In einem großen Topf beide Essigsorten, den Zucker und die Gewürze vermischen und zum Kochen bringen.

5 Sobald die Mischung kocht, die Gurken und die Zwiebeln hinzufügen und erneut aufkochen lassen. Kocht das Ganze, den Topf vom Herd ziehen. Mit einem Schaumlöffel die Gurken herausnehmen und sofort die Gläser bis auf 4–5 cm Rand damit füllen. Heißen Essig dazugießen (die Gurken sollten 2 cm bedeckt sein).

6 Die Gläser mit Deckeln verschließen und 2 Wochen ruhen lassen. Sterilisierte Gläser an einem dunklen, kühlen Ort aufbewahren. Geöffnete Gläser halten sich 3 Monate im Kühlschrank.

FÜR CA. 3 L

1 kg Einmachgurken (je frischer, desto besser)

450 g Zwiebeln, in dünnen Scheiben

250 g Einmachsalz

300 ml Essig (5 % Säure)

240 ml Malzessig (5 % Säure)

450 g Zucker

1 EL Senfkörner

1 TL getrocknete Chiliflocken

1 TL Pimentkörner

1 Prise gemahlener Piment

1 TL ganze Nelken

1 Prise gemahlene Nelken

½ TL gemahlene Kurkuma

1 TL ganze Pfefferkörner

TIPP

Soll das Ganze würziger werden, können Sie statt Gurken auch Jalapeños verwenden. Entfernen Sie zuvor die Kerne (und tragen Sie dabei Handschuhe!). Sie schmecken süßer als normale Jalapeños, doch mit entsprechenden Gewürzen schmecken sie fabelhaft in Sandwiches.

EINGELEGTE EIER MIT ROTE BETE

Es hat sehr lange gedauert, bis ich gemerkt habe, dass nicht alle eingelegten Eier rot sind. Meine Großmutter hat nie Eier ohne Rote Bete eingelegt. Auch ich verstehe nicht, warum so viele ein langweiliges weißes Ei haben wollen. Dieses Mitbringsel ist genau richtig für einen eingefleischten Traditionalisten vom Land, der eingelegte Eier liebt und für jemanden, der Spaß daran hat, purpurfarbene Lebensmittel zu essen.

FÜR CA. 1 L

425 g Rote Bete aus dem Glas in Scheiben (ich nehme Baby-Rote-Bete im Ganzen)

12 hart gekochte Eier, gepellt

120 ml Apfel- oder Branntweinessig

100 g Zucker

½ TL gemahlener Piment

½ TL gemahlene Muskatnuss

½ TL gemahlener Zimt

¼ TL ganze Nelken

1 Die Rote Bete abgießen und den Saft auffangen.

2 Die Eier und die Rote Bete in ein sterilisiertes 1-l-Glas geben und beiseite stellen.

3 In einem Topf den Essig, 120 ml Wasser, den Zucker, den Rote-Bete-Saft und die Gewürze mischen. Zum Kochen bringen und rühren, bis der Zucker vollständig aufgelöst ist. Auf hoher Stufe 10 Minuten kochen.

4 Den Topf vom Herd ziehen und den Sud über die Eier und die Rote Bete gießen. Das Glas verschließen und kalt stellen.

5 In den Folgestunden das Glas regelmäßig wenden, damit die Eier gleichmäßig mit dem Sud überzogen werden. Andernfalls haben die Eier merkwürdige Kleckse.

6 Im verschlossenen Glas verschenken. Geöffnete Gläser halten sich im Kühlschrank bis zu 3 Monate. Geschlossene kühl und dunkel lagern.

TIPP

Die Eier, in Scheiben geschnitten, passen sehr gut zu grünem Salat.

GEMISCHTES EINGELEGTES GEMÜSE

Eingelegtes Gemüse verdient es eigentlich, sehr viel beliebter zu sein. Es schmeckt nicht nur würzig, es ist auch überaus gesund. Alle, die schon einmal über ein Glas mit zu vielen Möhren und zu wenig Blumenkohl enttäuscht waren (oder umgekehrt), sollten ihr Gemüse selbst einlegen. Ein großartiges Geschenk für alle Freunde von kleinen Snacks, die es gern etwas säuerlich mögen.

FÜR CA. 2 L

3–6 Knoblauchzehen, geschält

2–4 TL getrocknete Chiliflocken oder 2 frische Chilis, gehackt

1 Blumenkohl, in kleine Röschen geteilt

1 Brokkoli, in kleine Röschen geteilt

Je 1 grüne und rote Paprika, in 2 cm großen Stücken

125 g kleine Zwiebeln, geschält

1 große Gurke, in Scheiben

½ TL Pflanzenöl

SUD

1 ½ l Wasser

700 ml Essig

100 g Einmachsalz

1 2 Ein-Liter-Gläser sterilisieren (Seite 14). Auf dem Boden jeweils die gleiche Menge Knoblauch und Chiliflocken bzw. Chilistücke verteilen.

2 Das Gemüse in eine große Schüssel legen und mischen. Die Gläser gut mit dem Gemüse füllen.

3 Die Sudzutaten in einen Topf geben. Bei hoher Hitze die Flüssigkeit zum Kochen bringen. Dann sofort bis auf 1–2 cm oben in die vorbereiteten Gläser geben.

4 Je ¼ TL Pflanzenöl daraufgeben. Die Gläser mit Deckeln verschließen.

5 Die Gläser so verschenken, dem Empfänger jedoch mitteilen, dass die Gemüse 2 Wochen durchziehen müssen, bevor sie verzehrbereit sind. (Ich schreibe oben auf den Deckel „verzehrbereit am …".) Im sterilisierten Glas aufbewahren. Geöffnete Gläser können 3 Monate im Kühlschrank aufbewahrt werden.

TIPP

Das Rezept lässt sich beliebig mit Ihrem Lieblingsgemüse zubereiten. Probieren Sie auch Möhren und Jalapeños.

GETROCKNETE ZUCCHINI

Zucchini zu trocknen, ist praktisch, wenn die Ernte hoch ausfällt. Aber auch wenn Sie keine Zucchini im Garten haben, lohnt sich die Mühe. Sie sind ein tolles Mitbringsel, denn sie halten sich gut und passen zu Suppen und Pasta. Ein Highlight im Winter. Das ideale Geschenk für alle, die sehr gern kochen.

FÜR CA. 225 G

2–3 große Zucchini, diagonal in dünne Scheiben geschnitten

3 EL grobes Salz

Gewürze nach Geschmack (ich nehme gern eine Mischung aus getrocknetem Oregano, Basilikum und Knoblauch)

1 Die Zucchini mit Salz bestreuen und 24 Stunden Saft ziehen lassen. Jeweils nach einigen Stunden die Flüssigkeit abgießen oder häufiger. Wenn Sie die Zucchini mit einem Gewicht beschweren, kommt die Flüssigkeit schneller heraus. Nicht abspülen.

2 Nach dem letzten Abgießen die Zucchini würzen, anschließend nebeneinander auf ein gefettetes Backblech legen. Bei 120 °C 2 Stunden in den Backofen stellen. Dann sind die Scheiben „geschrumpft", aber immer noch weich.

3 Die Scheiben aus dem Ofen nehmen, abkühlen lassen und in ein Geschenkglas legen. Luftdicht an einem kühlen, trockenen Ort aufbewahren. So halten sie sich ein Jahr. Die Zucchinischeiben können auch tiefgefroren werden.

TIPP

Die Scheiben können im Sommer auch aufgefädelt werden und in der Sonne an einem luftigen Ort getrocknet werden.

GEFÜLLTE UNGARISCHE PAPRIKA, IN ÖL MARINIERT

Dafür zahlen Sie im Normalfall in Spezialitätenläden sehr viel Geld, dabei ist es ganz einfach, sie selbst zu füllen und zu marinieren. Jeder, der den Geschmack von Prosciutto und Feta mag, wird sich für diese fantastischen Paprika begeistern. Schon so sind sie köstlich, erst recht als Tapas-Aufstrich. Wer es überaus schmackhaft mag, wird sich über dieses Geschenk mehr als freuen.

FÜR 1 GLAS (240 ML)

1 Glas eingelegte ungarische Paprika in Essig oder Öl (ca. 12 Stück)

ca. 230 g Feta-Käse

8–12 Scheiben Prosciutto

Sesamöl zum Begießen (wenn die Paprika in Essig eingelegt waren)

1. Die Paprika abgießen, das Öl auffangen, Essig hingegen weggießen.

2. Den Feta in schmale Stücke schneiden und jeweils in eine Scheibe Prosciutto wickeln.

3. Vorsichtig die Käse-Schinken-Rolle in die Paprika schieben, mit den Fingern nachdrücken.

4. Die Paprika in ein sterilisiertes Glas legen, mit dem aufgefangenen Öl oder dem Sesamöl begießen und fest verschließen. Geöffnete Gläser halten sich im Kühlschrank 2 Wochen.

TIPP

Es gibt unterschiedliche Paprikasorten, die in Öl eingelegt werden; jede hat ein anderes Aroma. So lässt sich dies Rezept leicht abwandeln. Eine süß-pikante Paprika z. B. mit Frischkäse und Prosciutto füllen.

Register

U

W

Z

Danksagung

o = oben, u = unten, l = links, r = rechts, m = Mitte

DIVERTIMENTI www.divertimenti.co.uk: 8 or.

ISTOCK: 62 o; 121 o; 113 o.

LAKELAND: 8 ol; 8 ul; 9 ul.

SHUTTERSTOCK: 8 om; 8 ol; 9 ol; 9 om; 9 or; 9 om; 9 ur; 13 r; 29 o, u; 30, u; 33 o, u; 34 o, u; 37 o, u; 38 o, u; 41 o, u; 43 o; 44 o, u; 47 o, u; 48 o, u; 51 o, u; 52 o, u; 55 o, u; 57 o, u; 58 o, u; 61 o, u; 62 u; 65 o, u; 66 o, u; 69 o; 71 o, u; 72 o, u; 75 o, u; 76 o, u; 79 o, u; 80 o, u; 83 o, u; 85 o, u; 86 o, u; 89 o, u; 90 o, u; 93 o, u; 94 o, u; 97 o, u; 99 o, u; 100 o, u; 103 o, u; 104 o, u; 107 o, u; 108 o, u; 111 o, u; 113 u; 114 u; 117 u; 118 o, u; 121 u; 122 u; 125 o, u; 127 o, u; 128 o, u; 131 o, u; 132 o, u; 135 o, u; 136 o, u; 139 o, u.

STOCKFOOD: 10 © Finley, Marc O./StockFood; 12 © Errico, Jerry/StockFood.

DANKSAGUNG DER AUTORIN

Dies ist das erste Buch, das ich geschrieben habe. Ohne die Hilfe der Menschen in meiner Nähe wäre daraus wohl kaum mehr als eine gekritzelte Rezeptsammlung geworden. Mein Dank gilt dem Team von Quintet Publishing, das mich bei jedem einzelnen Schritt unterstützt hat; ein besonderes Dankeschön richtet sich an Carly Beckerman-Boys, die mich die ganze Zeit anleitete. Danke auch an Martha Burley, die mich liebevoll in die richtige Richtung „schubste“. Zoë White hatte ein achtsames Auge auf alle Details, auch auf meine heißgeliebten Gläser. Dank auch an Anya Hayes, die mich wieder aufrichtete, als ich mittendrin dunkle Tage hatte. Und nicht zu vergessen Cary Hull, die darauf achtete, dass alles Sinn machte und auch die Maße und Gewichte korrekt waren.

Zum Schluss möchte ich mich bei all denjenigen bedanken, die meine Rezepte so tapfer probiert und nicht gezögert haben, selbst Kalorienbomben zu kosten. Rolle Nieminen ist die beste Freundin, die eine Frau überhaupt haben kann – und sie hat einen Magen aus Stein, auf den alle Köche neidisch sind; Dr. Chuw Golledge füllte meine Vorräte auf und lieferte die wohl besten Aprikosen; Chris McCloskey sorgte schließlich dafür, dass das Feuer im Kamin nie ausging.

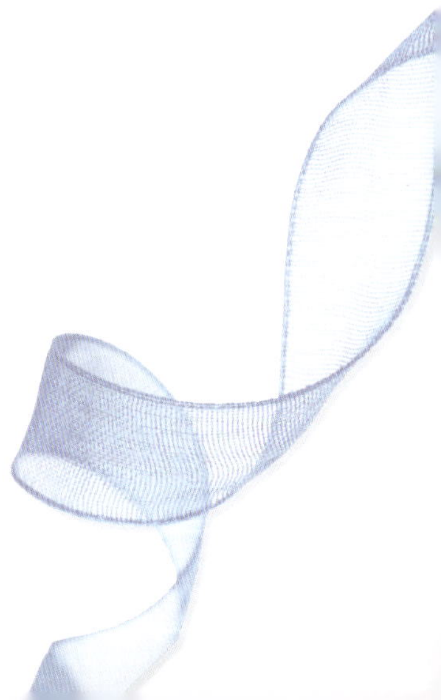